"十二五"国家重点图书出版规划项目

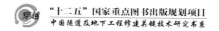
中国隧道及地下工程修建关键技术研究书系

无伸缩缝超大地下交通枢纽设计与建造关键技术

Wushensuofeng Chaoda Dixia Jiaotong Shuniu Sheji yu Jianzao Guanjian Jishu

刘卡丁　吴承伟　朱　丹　主编

人民交通出版社股份有限公司
China Communications Press Co., Ltd.

内 容 提 要

本书以深圳福田超大型多层地下综合交通枢纽为例,研究超大型混凝土结构无伸缩缝设计和建造的若干关键技术。全书分为三章,内容主要包括无伸缩缝超大型地下综合交通枢纽安全设计力学理论基础、无伸缩缝超大型地下综合交通枢纽建造中的关键技术,以及无伸缩缝超大型地下综合交通枢纽工程实践。

本书可作为地下结构工程设计和研究人员的参考书,也可供大专院校土木工程等相关专业学生学习。

图书在版编目(CIP)数据

无伸缩缝超大地下交通枢纽设计与建造关键技术/刘卡丁,吴承伟,朱丹主编. —北京:人民交通出版社股份有限公司,2015.12
ISBN 978-7-114-12681-9

Ⅰ.①无… Ⅱ.①刘…②吴…③朱… Ⅲ.①地下工程—交通运输中心—建筑设计②地下工程—交通运输中心—建筑工程 Ⅳ.①U115

中国版本图书馆 CIP 数据核字(2015)第 311389 号

书　　名:	无伸缩缝超大地下交通枢纽设计与建造关键技术
著 作 者:	刘卡丁　吴承伟　朱　丹
责任编辑:	李　坤
出版发行:	人民交通出版社股份有限公司
地　　址:	(100011)北京市朝阳区安定门外外馆斜街3号
网　　址:	http://www.ccpress.com.cn
销售电话:	(010)59757973
总 经 销:	人民交通出版社股份有限公司发行部
经　　销:	各地新华书店
印　　刷:	北京市密东印刷有限公司
开　　本:	720×960　1/16
印　　张:	12.25
字　　数:	200 千
版　　次:	2015年12月　第1版
印　　次:	2015年12月　第1次印刷
书　　号:	ISBN 978-7-114-12681-9
定　　价:	66.00 元

(有印刷、装订质量问题的图书,由本公司负责调换)

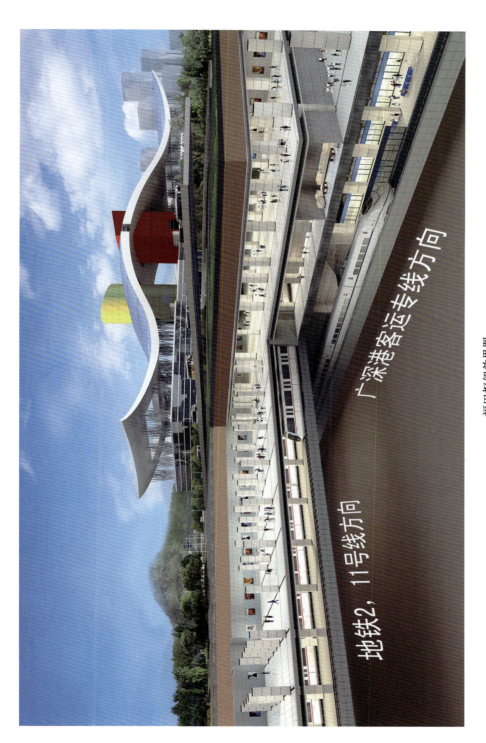

福田枢纽效果图

福田枢纽工地

施工中的地铁中心公园停车场主体结构(一)

施工中的地铁中心公园停车场主体结构(二)

施工中的地铁中心公园停车场主体结构(三)

施工中的地铁中心公园停车场主体结构(四)

施工中的地铁中心公园停车场主体结构(五)

运营中的地铁中心公园停车场(一)

运营中的地铁中心公园停车场(二)

运营中的深圳福田枢纽（一）

运营中的深圳福田枢纽（二）

运营中的深圳福田枢纽(三)

运营中的深圳福田枢纽(四)

运营中的深圳福田枢纽(五)

运营中的深圳福田枢纽(六)

本书编写人员

主　编： 刘卡丁　吴承伟　朱　丹

副主编： 杨少林　沈学军　杨　青　高宪民　孙　波
　　　　　罗　杰　张海亮

参　编：（按姓氏笔画为序）

刁　伟	马莉莉	王文和	王立勇	王宏越
车轮飞	方东明	石端文	龙俊仁	卢　旸
叶玉萍	冯　坚	向恒飞	刘永平	刘　畅
刘　骁	孙光远	李平安	李香凡	李　辉
杨公正	杨琰峰	邱少辉	余　行	张中安
张伟森	张　波	张燕镭	陈远洲	陈爱莲
周明亮	周　勇	赵　影	姜连馥	郭大刚
唐　健	梅　林	龚维敏	常　趁	章建庆
梁　茵	董乃进	蒋　晔	覃　橘	谢　蓉
虞哲宁	蔡云标	熊　健	薛永星	董　志
陈永亮	胡志广	王东欣	杜万强	薛宇开
刘　立	赵顺增	武旭南	吴　勇	

本书参编单位

深圳市地铁集团有限公司(建设单位)

中铁第四勘察设计院集团有限公司(勘察设计单位)

中铁十六局集团有限公司(施工总承包单位)

中铁十五局集团有限公司(施工总承包单位)

大连理工大学、大连理工大学深圳研究院(科研单位)

中国建筑材料科学研究总院(科研单位)

中国中铁二院工程集团有限责任公司(地铁总体设计单位)

上海市隧道工程轨道交通设计研究院(设计咨询单位)

铁四院(湖北)工程监理咨询有限公司(施工监理单位)

序

关于地下工程结构伸缩缝的设计、施工及工艺一直有很多争议,工程界对其设计理念、计算理论、使用寿命、维修保养和施工质量控制都有很多质疑。20多年前刘卡丁、周勇、于波等工程师提出了地铁主体结构不设伸缩缝的设想。经过多年的研究和不断实践,从小工程到大工程的应用,逐步摸清了钢筋混凝土结构伸缩缝的机理和解决办法,最终提出了不设伸缩缝的理论和措施,并在多个大型工程中应用,实践证明超大地下钢筋混凝土主体结构不设伸缩缝的工程实践是成功的,为进一步的科学研究提供了很好的样本,为规范的修编提供了成功的案例。特别是大连理工大学的吴承伟教授的理论研究支持了上述观点,又在我国最大的深圳福田地下综合交通枢纽成功应用。

深圳福田地下综合交通枢纽集地下高铁站、地铁2号线、3号线、11号线车站及南北配套服务区于一体,具有超长、超宽、超厚;主体结构长高比大、宽高比大;分块施工难度大,条件差,施工周期长等特点。刘卡丁、朱丹等主持了该项目的科研、设计、施工管理。结合理论分析、结构计算等研究,提出了该主体结构钢筋混凝土不设永久伸缩缝的设计理念。同时提出了以控制主体结构裂缝为目标,采取了一系列关键技术和工程措施,建成了9万m^2无伸缩缝的超大地下钢筋混凝土结构工程,可以说是一个了不起的创举,把我国地下工程的技术水平往前推进了一大步。该工程建成后4年多的运营使用情况良好,具有国内外领先水平,值得进一步研究和推广。

中国工程院院士 龙伸暄

2015年10月12日

前　言

　　超长超大型地下综合交通枢纽是大城市不可缺少的现代化建筑,是关系到人类生命安全的重要公共场所,也是一个城市乃至国家的重要对外窗口。体现一个城市空间的综合开发实力。建筑设计最基本的要求是安全、可靠、实用、美观。超大型综合交通枢纽一般都是钢筋混凝土结构,均为地下或半地下的超静定结构,有防水、防火、抗震等多项技术要求。为了消除结构在施工和服役期间环境温度变化引起结构的应力变化,几百年来人们习惯上采用设计永久伸缩缝或者施工缝来释放温度应力。我国《钢筋混凝土结构设计规范》(GB 50010)明确规定,现浇钢筋混凝土的连续式结构,处于室内或土壤条件下伸缩缝间距为40m,处于露天环境下伸缩缝间距为30m;相应的无筋混凝土伸缩缝的间距分别为30m和20m。对于建筑面积在10万 m^2 以上、建筑规模在数百米乃至上千米尺度的超长、超大型多层地下综合交通枢纽,仅伸缩缝就达数十条,不仅给设计和施工带来许多困难,增加了施工成本,降低了结构的抗震、防火能力,而且使用维护成本也陡然增加。大型地下交通枢纽伸缩缝材料不但在结构地基沉降、地震、火灾等情况下很容易发生破坏,而且容易老化失效。伸缩缝发生渗水现象是大型地下结构的顽疾,往往是不可彻底修复的,一般是"漏了补、修了漏",似乎进入了死循环,被认为世界性难题。

　　刘卡丁、朱丹、周勇、蒋晔、高宪民等教授级高工,根据自己多年积累的设计与施工经验,在施仲衡、王振信等著名专家的支持和指导下,从20世纪90年代就开始在地铁车站等小型工程进行无伸缩缝的探索性试验。大连理工大学、深圳市地铁集团有限公司、中铁第四勘察设计院集团有限公司、大连理工大学深圳研究院、中国中铁二院集团有限责任公司等单位,经过多年来的理论研究、工程探索与实践,不断创新,把深圳福田超大型多层地下综合交通枢纽、深圳益田村地下双层停车场、深圳地铁中心公园地下停车场等多个大型地下工程设计建造成无伸缩缝超大型地下钢筋混凝土结构,全部获得成功。这些工程使用数年来,没有发现任何裂纹、渗漏现象和其他工程质量问题,产生了巨大的社会效益和经济效益。

随着我国经济高速发展,各种超大型复杂地下钢筋混凝土结构越来越多,推广使用无伸缩缝设计与施工技术意义重大。现在把作者多年来的理论研究、工程实践与探索经验总结出来,结集成书,期望能够引起有关专家的重视,并尽快修改我国大型混凝土结构预留伸缩缝的设计、建造规范。此外,根据作者的研究与实践基础,地上超大型钢筋混凝土结构经过周密的理论研究、科学设计与施工,完全可以采用无伸缩缝技术。

本书以深圳福田超大型多层地下综合交通枢纽(三层箱式钢筋混凝土框架结构,最长1025m,最宽81.26m,最深37.5m,加上三个地铁车站和南北商业配套,合计建筑面积28万m^2)的修建为基础编写而成,全书共分3章。第1章为无伸缩缝超大型地下综合交通枢纽安全设计力学理论基础;第2章为无伸缩缝超大型地下综合交通枢纽设计与建造关键技术;第3章为无伸缩缝超大地下结构工程实践案例。

混凝土凝固期由于水化热等原因引起结构收缩产生的内应力已经有大量的研究,实践中也有很多成熟的技术消除和减小水化热等原因引起的结构内应力,因此本书在第1章基础理论部分不研究水化热效应,重点研究超大型混凝土结构全部完成浇筑和混凝土凝固后由于环境温度变化引起结构的应力变化规律。通过大规模有限元数值分析,研究各种可能的环境温度变化引起结构的内应力变化规律以及疲劳裂纹寿命,为超大型地下无伸缩缝混凝土结构设计提供理论基础。本书第2章以第1章的理论研究为基础,提出科学的设计理念和施工方案,凝练出设计与建造若干关键技术,并具体细化和分解,保证无伸缩缝工程的修建不仅有充足的理论作支撑,而且有科学严格的施工技术作保证。

本书中引为案例的深圳福田综合交通枢纽工程,包含广深港客运专线福田站,地铁2号线、3号线、11号线福田站,南北配套,益田路出租车场站等主要工程,枢纽主体工程全部位于地下,是我国首个全部位于地下的综合交通枢纽工程。枢纽工程由原铁道部和深圳市政府投资,深圳市地铁集团有限公司和广深港客运专线有限责任公司组织建设管理。其中广深港客运专线有限责任公司负责原铁道部投资部分,深圳市地铁集团有限公司负责深圳市投资部分。中铁第四勘察设计院集团有限公司负责整个枢纽的勘察设计总承包工作,负责枢纽的总体设计及技术标准的制定,同时承担了广深港客运专线福田站,地铁2号线、3号线、11号线,益田路出租车场站等设计,并与中国建筑材料科学研究总院、大连理工大学、深圳大工研究院共同开展了"大型客站特殊结构关键技术研究"及"无伸缩缝超大地下交通枢纽设计与建造关键技术"的科研课题研究,其中的分课题二为超长混凝土结构防裂技术研究;中国中铁二院工程集团有限责任公司为地铁2号、3号、11号线勘察设计总体单位;深圳大学建筑设计研究院负责南北配套设计。上海市隧道工程轨道交通设计研究院承担地铁设计的咨询及审图。铁四院(湖北)工程监理咨询有限公司负责施工监理。中铁十五局集团有限公司负责广深港客运专线福田站及益田路出租车场站施工;中铁十六局集团有限公司负责地铁2号线、3号线、11号线及南北配套土建施工。

特别值得一提的是,作为深圳福田超大型多层地下综合交通枢纽工程的施工总承包单位,中铁十五、十六局集团有限公司在各个工序的施工中,始终坚持设计理念,在技术上保证了该枢纽工程设计意图的实现。优质的施工使该枢纽工程先后获得"深圳市文明工地"、"深圳市优质工程"、"中国土木工程詹天佑奖"等奖项。

作者的研究工作一直得到时任深圳市政府赵鹏林副秘书长的指导和支持,也得到了时任深圳市地铁3号线投资有限公司董事长王敏的支持、鼓励和帮助,在此表示感谢。同时,向所有在该工程科研、规划、勘察、设计、施工过程中,给予支持和帮助的各位领导和同仁,向所有参建的技术人员和工人表示诚挚的谢意。本书图片采用深圳火之鸟文化传播有限公司作品,一并表示感谢。

限于作者水平,书中难免存在不妥之处,敬请读者批评指正。

刘卡丁　吴承伟　朱　丹
2015 年 5 月

目 录

第1章 无伸缩缝超大型地下综合交通枢纽安全设计力学理论基础 …… 1
- 1.1 工程背景 …… 1
- 1.2 热应力计算模型 …… 3
  - 1.2.1 模型概述 …… 3
  - 1.2.2 ABAQUS 软件 …… 8
  - 1.2.3 有限元模型 …… 9
  - 1.2.4 材料属性 …… 16
- 1.3 载荷工况 …… 17
  - 1.3.1 挡土墙压力 …… 17
  - 1.3.2 温度场 …… 18
  - 1.3.3 计算工况 …… 21
- 1.4 计算结果分析 …… 22
  - 1.4.1 工况一计算结果 …… 22
  - 1.4.2 工况二计算结果 …… 31
  - 1.4.3 工况三计算结果 …… 35
  - 1.4.4 工况四计算结果 …… 37
- 1.5 混凝土结构表面热疲劳分析 …… 37
- 1.6 本章小结 …… 39

第2章 无伸缩缝超大型地下综合交通枢纽建造关键技术 …… 41
- 2.1 前言 …… 41
- 2.2 现状及国内外研究发展概况 …… 42
  - 2.2.1 国内现状 …… 42
  - 2.2.2 国内外研究发展概况 …… 43

1

2.3 研究方法、试验方法及材料 ... 45
2.3.1 研究方法 ... 45
2.3.2 试验方法 ... 46
2.3.3 试验材料 ... 47
2.4 大跨度深埋地下结构抗裂结构形式的研究 ... 48
2.4.1 主体结构伸缩缝设置的研究 ... 48
2.4.2 主体结构施工连接缝设置的研究 ... 54
2.4.3 超大结构抗裂构造设计及施工方法的研究 ... 61
2.4.4 合理配筋的研究 ... 65
2.5 超大体量混凝土结构材料抗裂技术的研究 ... 69
2.5.1 控制混凝土水化热的研究 ... 69
2.5.2 控制混凝土收缩应力的研究 ... 78
2.5.3 有效补偿混凝土收缩应力的研究 ... 84
2.5.4 有效分散混凝土收缩应力的研究 ... 95
2.6 地下车站主体结构现场监测与信息反馈 ... 99
2.6.1 试件收缩变形监控技术 ... 99
2.6.2 工程现场混凝土收缩开裂预警系统的研究 ... 110
2.6.3 工程现场应力监测的施工动态反馈分析 ... 114
2.6.4 大体积混凝土温度收缩应力预警系统的研究 ... 119
2.6.5 工程现场大体积混凝土温度监测的施工动态反馈分析 ... 121
2.7 本章小结 ... 124

第3章 深圳福田站地下综合交通枢纽的设计方案 ... 127
3.1 取消永久伸缩缝的依据 ... 128
3.1.1 计算参数的确定 ... 128
3.1.2 取消永久伸缩缝的计算 ... 130
3.2 福田综合交通枢纽抗裂措施 ... 132
3.3 采用抗放技术的施工期抗裂计算 ... 136
3.3.1 底板 ... 137
3.3.2 墙体 ... 137
3.4 福田枢纽主体结构设计 ... 138

  3.4.1 设计原则 ……………………………………………………… 140
  3.4.2 工程地质 ……………………………………………………… 141
  3.4.3 结构方案的选择 ……………………………………………… 145
  3.4.4 结构计算 ……………………………………………………… 148
  3.4.5 主体结构内力计算 …………………………………………… 156
 3.5 工程筹划及施工期间交通组织 ………………………………………… 162
  3.5.1 工程筹划 ……………………………………………………… 162
  3.5.2 施工期间交通组织的设计原则 ……………………………… 163
  3.5.3 施工期间交通组织 …………………………………………… 164
 3.6 耐久性、防腐设计 ……………………………………………………… 168
 3.7 本章小结 ………………………………………………………………… 168
参考文献 ……………………………………………………………………… 170

第1章 无伸缩缝超大型地下综合交通枢纽安全设计力学理论基础

1.1 工程背景

广深港客运专线福田站为广深港客运专线上的一座中间站,位于深圳市福田区深南大道与益田路交叉口处,即深圳市民广场西侧,是专门服务广深港高端商务旅客的车站,是国内铁路第一座地下车站,车站为全地下车站,共设四座站台,车站主体采用盖挖法与明挖法相结合的形式。福田站长约1025m,宽约81.26m,底板埋深31m,局部采用地下三层箱形框架结构,框架设计纵向跨度为12m,横向最大跨度为21.46m。局部地下三层的复杂结构,与之配套的地铁2号线、3号线、11号线以及南北配套的地下商业空间,统称为福田综合交通枢纽。其配套结构外包最长尺寸为东西长710m,南北宽160m,底板埋深10~20m,底板厚1m,顶板厚0.8m,防水混凝土强度等级为C30。车站始建于2007年,2010年主体结构完工。车站整体效果图如图1-1所示,运营中的内部效果图如图1-2所示。

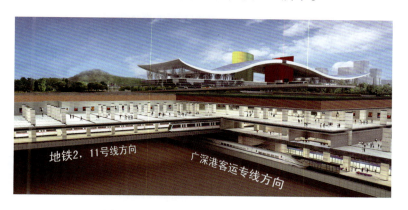

图1-1 深圳福田地下综合交通枢纽效果图

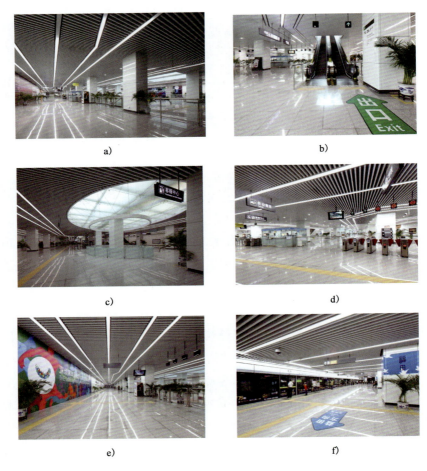

图 1-2　运营中的深圳福田地下综合交通枢纽

结构整体设计的要求如下：

①地下结构设计应满足城市规划、行车运营、施工、防水、防火、防腐蚀等要求；结构按设计使用年限 100 年的要求进行耐久性设计，并应保证结构在施工及使用期间具有足够的强度、刚度和稳定性。

②地下结构设计根据结构或构件类型、使用条件及荷载等，选用与其特点相近的结构设计规范和设计方法，符合强度、刚度、稳定性、抗浮和裂缝宽度验算的要求，结合施工监测进行信息化设计。结构的抗浮应按结构使用寿命过程中可能发生的最高地下水位进行检算。

③地下结构设计应分施工阶段和使用阶段，按照承载能力极限状态及正常使

用极限状态的要求,进行承载力、稳定、变形、抗浮及裂缝宽度等方面的验算。结构计算中,应考虑施工中已形成的支护结构的作用。

④深基坑工程设计应根据国家有关规范、深圳市地方法规的要求,结合车站周边不同的环境条件等采取相应的技术措施。严格控制工程施工引起的地面沉降量,其允许数值应根据地铁沿线不同地段的地面建筑及地下构筑物等的实际情况确定,并因地制宜地采取措施。

⑤地下结构防水满足国家颁发的《地下工程防水技术规范》(GB 50108)的有关规定。充分考虑到深圳多雨、潮湿、地下水位高等地区气候条件特点,在不明显增加施工成本的前提下,采用减少伸缩缝或者无伸缩缝设计建造技术,确保满足工程的防水要求和美观要求。

⑥在近期工程与远期工程交汇处,近期工程的设计与施工应为远期工程创造有利的条件。

⑦根据国家及深圳市有关规定和标准,车站结构抗震设防烈度为7度,结构抗震等级为三级,重点设防类建筑进行结构设计时按8度的要求加强其抗震措施,以提高结构的整体抗震能力。

⑧地下结构人防按平战转换进行设计,应具有战时防护功能,满足6级人防结构抗力要求。

⑨地下结构应根据《地铁杂散电流腐蚀防护技术规程》(CJJ 49)采取防止杂散电流腐蚀的措施。钢结构及钢连接应进行防锈处理。

⑩由于该工程分属深圳市政府和铁路总公司管辖,设计、施工、建设分属不同的管理团队,各负责14万m^2的建设任务;且工期不同步,不得不把整个枢纽主体结构分成两大部分,其间设置变形缝。

根据上述工程特点,最大的技术难题聚焦到"伸缩缝的设置"问题上。参与本工程的技术人员大胆地提出了与现行规范相悖的不设"伸缩缝"或"变形缝"的初步想法,并围绕该问题开展了一系列的技术攻关与实践。

1.2 热应力计算模型

1.2.1 模型概述

大型钢筋混凝土整体地下结构热应力分析的主要目的是计算在使用过程中,

温度、压力载荷作用下,钢筋混凝土内部应力变化。主要从温度传导、温度梯度引起热应力两个方面进行力学分析。

在分析之前需要对大型混凝土结构进行 CAD 建模,进而建立 CAE 模型,最后进行有限元分析计算。根据结构设计图纸,将二维 CAD 模型立体化,建立三维立体模型。三维立体模型由外部土体和内部的地铁站钢筋混凝土整体结构构成,内部的钢筋混凝土整体结构又由梁、柱以及大面积的墙体构成。

直接在有限元分析软件 ABAQUS 前处理中建模,整体结构由外部土体和内部整体钢筋混凝土结构组成,其中外部土体分为三个部件,分别为:上层盖土、四周填土以及底层支撑土。内部钢筋混凝土整体结构分成八部分,由外到内依次为:上层混凝土板、四周混凝土墙体、下层混凝土板、第一层横梁和立柱、第一层楼板、第二层横梁和立柱、第二层楼板以及第三层横梁和立柱。建设中的深圳福田地下综合交通枢纽如图 1-3 所示。福田综合交通枢纽梁板柱主体结构采用盖挖逆筑法施工,如图 1-4 所示。

a)　　　　　　　　　　　　　　　b)

图 1-3　建设中的深圳福田地下综合交通枢纽

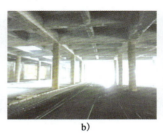

a)　　　　　　　　b)　　　　　　　　c)

图 1-4　福田综合交通枢纽梁板柱主体结构盖挖逆筑法施工

由于整体结构模型尺寸较大,为了更好地显示各部件之间的位置关系和连接关系,建立一个示范模型来进行说明。该示范模型形状与实际模型类似,但是尺寸小于实际模型。钢筋混凝土整体结构实际模型如图 1-5 所示。示范模型如图 1-6 所示,其中最外层即为外部土体,三个部件分别为上层盖土、四周填土以及底层支撑土。

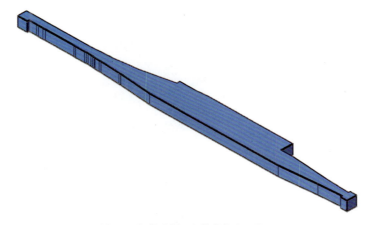

图 1-5 钢筋混凝土整体结构实际模型

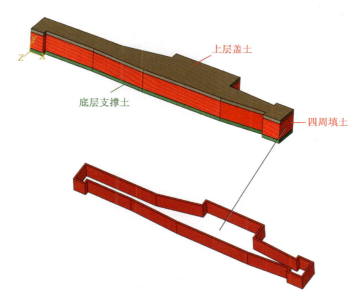

图 1-6 示范模型

将四周填土隐藏掉,可以看见土体内部包裹的混凝土结构、与上层盖土相接触的上层混凝土板、与底层支撑土相接触的下层混凝土板以及两层混凝土板之间的混凝土墙体,各部件具体位置关系如图 1-7 所示。

将四周填土与混凝土墙体同时隐藏掉,可以看到内部楼层的分层结构,以及内部两层楼板,并且在楼板下面设置横梁、纵梁进行加强,楼板之间设置的柱起支撑作用,为方便显示,将梁、柱单独显示,分别如图1-8、图1-9所示。

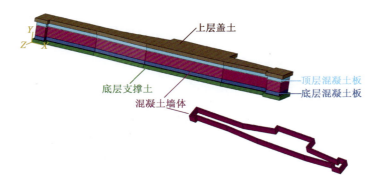

图 1-7 内部混凝土部件

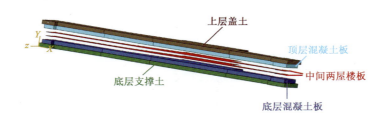

图 1-8 内部楼板部件

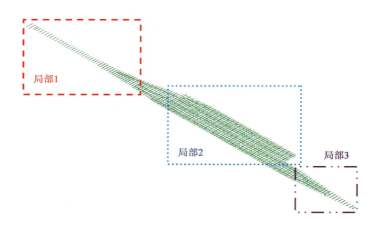

图 1-9 梁、柱结构

由于模型比较大,为看清局部构造,将梁、柱结构各局部逐一放大,分别如图 1-10 ~ 图 1-12 所示。

图 1-10　局部 1 放大图

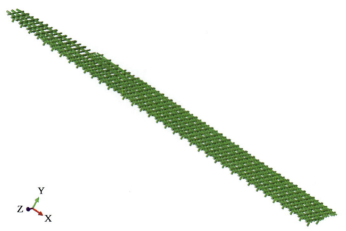

图 1-11　局部 2 放大图

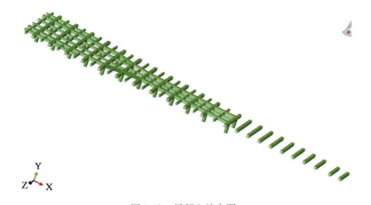

图 1-12　局部 3 放大图

1.2.2 ABAQUS 软件

ABAQUS 是一套功能强大的基于有限元方法的工程模拟软件,它既可进行相对简单的线性分析又可进行极富挑战性的非线性模拟。ABAQUS 具备十分丰富的单元库,可以模拟任意实际形状。ABAQUS 也具有相当丰富的材料模型库,可以模拟大多数典型工程材料的性能,包括金属、橡胶、聚合物、复合材料、钢筋混凝土、可压缩的弹性泡沫以及地质材料(例如土壤和岩石)等。应用 ABAQUS 不仅能够解决结构分析(应力/位移)问题,而且能够模拟和研究热传导、质量扩散、电子元器件的热控制、声学、土壤力学和压电分析等广阔领域中的问题,并且可以模拟各个不同场之间的耦合分析,如热—应力耦合、热—电耦合、渗流—应力耦合等。

深圳福田地下综合交通枢纽项目中,主要使用 ABAQUS 的热—应力耦合分析功能。ABAQUS 热—应力模拟主要包括热传导计算和应力计算两部分,可以解决以下几种类型的问题:

1) 非耦合热传导分析

非耦合热传导分析涉及传导、强对热以及边界辐射的热传导问题,是在无应力、无变形的条件下计算温度场。单纯的热传导问题可以是瞬态的也可以是稳态的,可以是线性的也可以是非线性的。

2) 顺序的热应力耦合分析

如果应力、位移的计算结果是依赖于温度场,但温度场并不依赖于应力、变形时,就可以用顺序的热应力耦合分析。顺序的热应力耦合分析的实现过程为:首先计算单纯的热传导问题,然后在应力分析中将温度场以预定义场的形式读入。在应力计算中,温度可以随时间和位置而改变,但不随应力分析的结果而改变。

3) 完全热应力耦合分析

如果温度场和应力场之间有很强的相互影响时,应该使用完全的热应力耦合分析。

深圳福田地下综合交通枢纽项目中,由于温度场作为已知条件直接施加在模型中,并且温度的变化只由地表的热辐射引起,并不会随着应力和变形的变化而变化,所以,本问题采用顺序的热应力耦合分析。

1.2.3 有限元模型

将 ABAQUS 中建立的各个部件进行装配,生成整体有限元模型。

由于模型较大,考虑当今计算机计算能力以及计算效率,在不影响计算结果的前提下,对模型进行必要的力学简化。

项目主要要求计算大面积混凝土在温度作用下的热应力,而对内部的梁、柱以及两层楼板没有要求,所以为减少有限元网格,将内部所有的梁、柱均采用梁单元,同时,将两层楼板简化为壳单元。

根据甲方提供的设计图纸,发现内部有一部分的梁、柱是处于钢筋混凝土墙体内部,因此,将其与墙体视为一体,而不再重复建立相应的柱。

计算中,重点关心大面积钢筋混凝土在温度场中的应力和应变。考虑到内部处于空调温度的状况下,相当于保持室温不变,主要的温差来自地表的太阳辐射,即地表温度的日变化,而且温度主要在土体和混凝土墙体之间传导,同时,内部两层楼板以及梁、柱只起到加强和支撑的作用,因此,将内部楼板简化为壳单元,将横梁、柱简化为梁单元,而上下混凝土板、四周混凝土墙体以及外面的土体使用三维实体单元。

对大型钢筋混凝土整体结构的每个部件进行网格划分,得到各部件的详细网格情况图。由于模型尺寸比较大,因此,将每个部件分成几个部分来显示,各部件详细网格如图 1-13 ~ 图 1-18 所示。

由于四周填土是无限宽广的,因此,为了进行计算,同时又兼顾网格数量,取四周填土的厚度为 1.5m 进行建模。四周填土网格图的分解如图 1-13 所示。

地铁站下方的土近似于无限深度,但是计算中不能建立支撑土的真实厚度,因此,同样选取 1.5m 来建立模型。底层支撑土网格图的分解如图 1-14 所示。

上层混凝土板位于上层盖土之下,并且在施工时,上层混凝土板是暴露在太阳直射之下,相比其他混凝土结构部件,该板经历的温度变化最为剧烈,因此,在划分网格时,对其进行更为细致的划分,将其按深度方向线性过渡,网格逐渐变大,如图 1-15a) 所示。上层混凝土整体网格如图 1-15 所示。

起加强和支撑作用的梁、柱结构框架如图 1-9 ~ 图 1-12 所示,整体结构中共包括三层类似的梁、柱结构,其单元数分别为:8889、9062、9235。整体计算模型中,整体所有单元数为 682004。

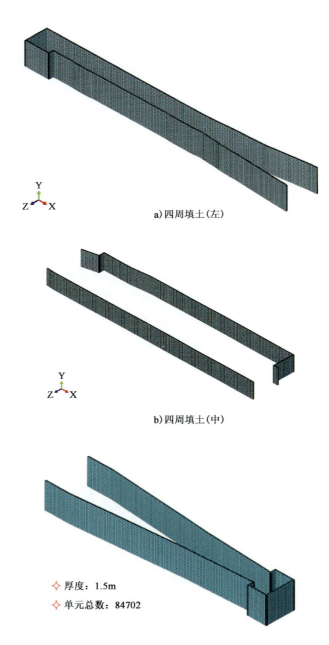

a) 四周填土(左)

b) 四周填土(中)

◇ 厚度：1.5m
◇ 单元总数：84702

c) 四周填土(右)

图1-13 四周填土网格图的分解

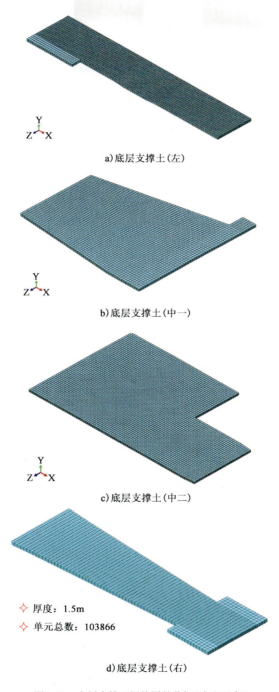

图 1-14 底层支撑土网格图的分解（由左至右）

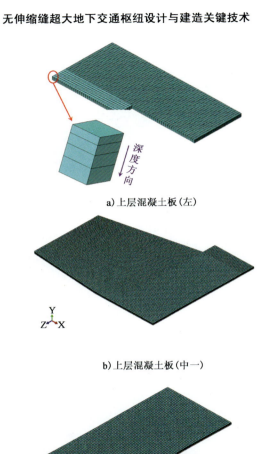

a) 上层混凝土板(左)

b) 上层混凝土板(中一)

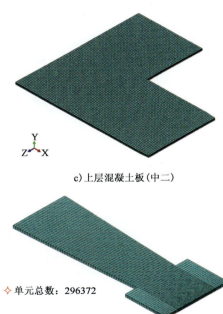

c) 上层混凝土板(中二)

◇ 单元总数:296372

d) 上层混凝土板(右)

图1-15 上层混凝土板网格图的分解(由左至右)

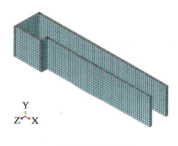

a) 混凝土墙体(左)

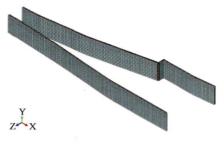

b) 混凝土墙体(中一)

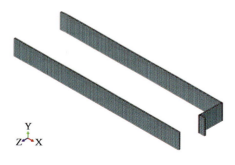

c) 混凝土墙体(中二)

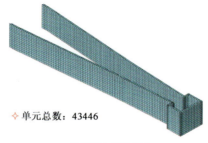

◇ 单元总数：43446

d) 混凝土墙体(右)

图1-16 混凝土墙体网格图的分解(由左至右)

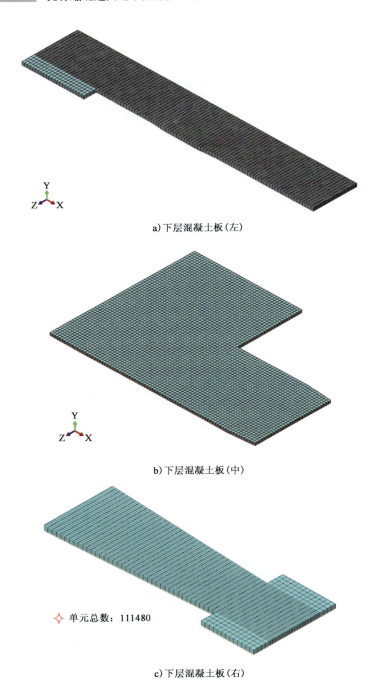

a) 下层混凝土板(左)

b) 下层混凝土板(中)

◇ 单元总数：111480

c) 下层混凝土板(右)

图 1-17 下层混凝土板网格图的分解(由左至右)

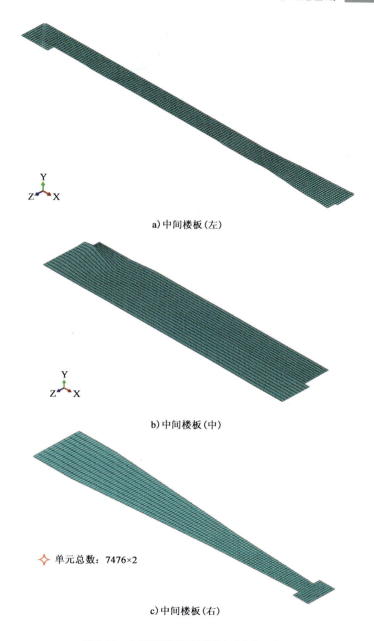

图 1-18　中间楼板网格图的分解（由左至右）

为了保证计算精度，对模型中所有的三维实体使用六面体网格划分方法，壳单元使用四节点的平面单元，梁单元使用一阶的梁单元。

1.2.4 材料属性

进行大型钢筋混凝土整体结构热应力分析时,需要相关的力学材料常数以及热力学参数,主要包括弹性模量、泊松比、密度、热膨胀系数、热传导系数以及比热容。

模型中涉及两种材料:钢筋混凝土和土。本项目任务书中明确出混凝土强度等级为C30,那么就可以在《混凝土结构设计规范》(GB 50010)中查到相关的材料属性参数。C30混凝土的材料属性如表1-1所示。

C30 混凝土材料属性 表1-1

材料属性 材料	弹性模量	泊松比	密度	导热系数	线胀系数	比热容
混凝土C30	30000MPa	0.2	$2.32 \times 10^{-9} t/mm^3$	$10.6 kJ/(m·h·℃)$	$1 \times 10^{-5}/℃$	$0.96 kJ/(kg·℃)$

然而,土层是经过大自然的千变万化才逐渐形成的,具有地域特征,土层的土质与很多因素有关。因此,土的材料常数并不像钢、铁这类常用材料,具有一般的规律或者具有经验的数值。在大部分的计算和研究中,都是用土层试样进行试验,从而得到相关的材料属性,从而进行模拟计算。由于本项目中没有提供土层土质参数,所以,当前土的本构模型采用线弹性模型,并且参考一些文献中给出的土的材料参数进行模拟,其中土的导热系数、比热容取自《南京地铁(融)土热物理参数实验研究》中密砂性土的数据;热膨胀系数取自《冻土墙围护深基坑温度场和应力场耦合有限元分析》;弹性模量、泊松比、密度取自《深圳地铁龙岗线盾构隧道穿越桩基施工的数值模拟》中砂质黏土的数据。本次模拟计算中土的材料常数详见表1-2。

土的材料属性 表1-2

材料属性 材料	弹性模量	泊松比	密度	导热系数	线胀系数	比热容
土	400MPa	0.3	$1.832 \times 10^{-9} t/mm^3$	$6.876 kJ/(m·h·℃)$	$0.23 \times 10^{-6}/℃$	$1.6 kJ/(kg·℃)$

1.3 载荷工况

由于本次模拟计算的目的是研究大型钢筋混凝土整体结构的热应力,因此,计算的主要载荷是温度载荷。与此同时,由于整个模型处于土体的包裹之中,因此,在计算中要考虑周围填土对挡土墙的压力。除此之外,物体都是有重力的,因此计算中还要考虑模型中所有部件的自重。

1.3.1 挡土墙压力

由于大型钢筋混凝土整体结构处于土层包围中,其四周有着无限宽广的土层,四周土层对四周混凝土墙体有压力作用,模拟计算中,需要考虑相关的压力。

根据《挡土墙土压力计算》一书中描述,作用在挡土墙上的土压力与墙体的位移和变形有关,当墙体静止不动,既不产生位移,也不产生变形时,挡土墙墙背面的填土处于弹性平衡状态,此时填土对挡土墙所产生的土压力称为静止土压力。若墙体向背离填土的方向产生水平位移,或者墙体围绕靠近填土方向的墙顶旋转,或者墙体围绕靠近填土方向的墙踵旋转,使墙体产生背离(远离)填土方向的变形,土压力由原来的静止土压力逐渐减小,墙后填土逐渐失去原来的弹性平衡状态,当填土达到主动极限平衡状态时,作用在挡土墙上的土压力称为主动土压力。若墙体向着填土方向平移或者旋转,产生向着填土方向的位移或变形,使墙背面填土逐渐压密而失去原来的弹性平衡状态,当位移达到一定数量,即土体压密到一定程度,而使墙背面填土处于被动极限平衡状态时,作用在挡土墙上的土压力称为被动土压力。

对于修建在岩基上或者坚硬土基上的刚性挡土墙,或者修建在地下的刚度较大的结构物、墙体或挡土结构,在压力作用下产生的位移或变形很小,可以忽略,而视为不产生位移和变形,此时作用在挡土墙和挡土结构上的土压力,可以按静止土压力计算。

若挡土墙墙面竖直,而且光滑,墙背面填土面水平,当墙体静止不动,墙背面填土处于弹性平衡状态时,填土表面以下 z 深度处一点处竖向的土压力 p_z 等于该点处土的自重压力(土柱的重力),即:

$$p_z = \gamma z \tag{1-1}$$

式中：p_z——填土表面以下 z 深度处的竖直土压力，kPa；

z——填土面以下计算点的深度，m；

γ——填土的容重，kN/m³。

该点处的静止土压力（侧向土压力）p_0 与竖向土压力 p_z 成正比，即：

$$p_0 = K_0 p_z = K_0 \gamma z \tag{1-2}$$

式中：p_0——填土面以下 z 深度处的静止土压力，kPa；

K_0——比例系数，即侧向土压力与竖向土压力的比值，称为静止土压力系数。

由于沿挡土墙高度上各点处侧向土压力与竖向土压力成比例关系，而竖向土压力又与计算点的深度 z 成比例关系，故静止土压力沿深度方向的分布是线性分布，即土压力的分布图形成一个三角形，在填土表面处为零，向下逐渐增大。当墙面竖直而光滑时，静止土压力的作用方向与墙面法线方向一致。

由《挡土墙土压力计算》可以查到，静止土压力系数的计算公式为：

$$K_0 = \frac{\mu}{1-\mu} \tag{1-3}$$

式中：μ——填土的泊松比。

计算中，为保证计算精度，将压力加载到上层盖土侧面、底层支撑土侧面以及四周填土的外表面。采用局部参考坐标系，地表面为零点，深度方向向下为正向，加载线性变化的压力。

根据土的材料常数，其泊松比为 0.4，则可计算得静止土压力系数值为 0.43。那么，土压力加载公式为：

$$p_0 = 0.43 \times 18.32x = 7.8776x \tag{1-4}$$

式中：p_0——挡土墙侧向压力，kPa；

x——填土面以下深度，m。

1.3.2 温度场

在模拟计算中，主要考虑两种温度工况：夏季一天 24h 内温度变化和冬季一天 24h 内温度变化。根据当地气象数据，研究其温度变化规律，找到合理的温度加载方式，从而完成温度载荷的加载，最终完成温度应力的模拟。

1）深圳夏季温度变化

《深圳夏季多层土壤温度及其垂直结构日变化特征》中提到，深圳土层温度日变化大致服从正弦变化。其中,深圳夏季一天24h内,多层地温最低值、最高值等数据如表1-3所示。

深圳夏季24h内多层地温最高值、最低值和日较差等　　　　表1-3

土壤深度 (cm)	地温最低值 (℃)	地温最低值 出现时间(h)	地温最高值 (℃)	地温最高值 出现时间(h)	地温日较差 (℃)
0	26.2	6	59.0	13	22.8
5	27.6	6	43.9	14	16.3
10	29.4	7	40.9	15	11.5
15	30.6	8	38.4	16	7.8
20	31.1	9	36.2	17	5.1
40	31.5	10~16	32.0	23~1	0.5
80	30.1	2~8	30.3	22~1	0.2
160	28.4	全天	28.4	全天	0.0
320	26.2	全天	26.3	全天	0.1

选取其中数据进行相关函数拟合,甲方提供夏季地表最高温度为70℃,因此,以70℃和26℃作为夏季地表温度的最高值、最低值。并根据该值拟合一条随时间变化的正弦曲线,其函数为:

$$T(t) = 22\sin\left(\frac{2\pi}{86400}t\right) + 48 \tag{1-5}$$

式中:T——温度,℃;

t——时间,s。

地温按照其温度变化特征可分为三层:变温层、常温层以及增温层。

①变温层。该层地温主要是受太阳光辐射热的影响,其温度随季节、昼夜的变化而变化,故称为变温层。日变化造成的影响深度较小,一般仅为1~1.5m。

②常温层。该层地温与当地的年平均温度大致相当,且常年基本保持不变,其深度可延伸到地下20~40m。

③增温层。在常温层以下,地下温度开始随深度增大而逐渐增加。

在计算模型中,整个大型钢筋混凝土上面有将近2.6m厚盖土,在表1~3中,可以看到深圳地温在地下80cm以下时一天内变化很小,趋于常值,即地下80cm以下土层基本上处于常温层,一天内甚至一年内其温度值随时间变化很小。

由于目前对于深层土层温度的研究还比较少,并且根据甲方提供的数据,已知地铁站最下面温度值约为10℃，因此，我们作出如下假设：假设2.6m土层以下至地铁站底层支撑土下表面温度是线性变化。在计算中，2.6m土层处温度取26℃，地铁站底层支撑土下表面温度为10℃，中间采用线性过渡，采用局部参考坐标系，地表面为零点，深度方向向下为正向，温度线性变化函数为：

$$T(x) = -\frac{16}{30113}(x - 2687) + 26 \quad (2687 \leqslant x \leqslant 32800) \quad (1-6)$$

式中：T——温度，℃；

x——深度，mm。

2) 深圳冬季温度变化

冬季温度变化规律与夏季温度变化保持一致，区别在于冬季最低温度、最高温度相比于夏季要低很多，根据《深圳冬季多层地温日变化特征》所做研究，发现地面温度及浅层地温一天中呈正弦曲线变化。不同深度的地温，其日变化振幅不同，位相不同，周期不同。地面温度日变化幅度最大，越往深层，地温日变化幅度越小。深层地温日变化很小，一天内温度趋于常值，该层土壤处于常温层。深圳冬季24h内多层地温最高值、最低值和日较差等如表1-4所示。

深圳冬季24h内多层地温最高值、最低值和日较差等　　　表1-4

土壤深度（cm）	最低地温（℃）	最低地温出现时间	最高地温（℃）	最高地温出现时间	地温日较差（℃）
0	12.5	13日6时	42.3	13日13时	29.8
5	15.3	8时	26.8	15时	11.5
10	17.1	9时	24.9	16时	7.8
15	18.1	9时	23.4	18时	5.3
20	18.7	9~11时	22.1	19时	3.4
40	19.5	11~14时	20.2	13日23时~14日1时	0.7
80	20.2	2~6时	20.5	14日0~1时	0.3
160	22.2	23时	22.3	多个时次	0.1
320	24.8	全天	24.8	全天	0.0

根据表1-4中数据，选取其中的最高值、最低值拟合一条正弦变化曲线，作为后续分析中的温度加载曲线。冬季深圳地表温度最高值选为44℃，最低值选为12℃，拟合得到正弦曲线为：

$$T(t) = 16\sin\left(\frac{2\pi}{86400}t\right) + 28 \qquad (1\text{-}7)$$

式中：T——温度，℃；

t——时间，s。

由于地铁站整体结构处于地温的常温层，深层土壤冬季、夏季温度变化不大，因此，在计算冬季温度场时，2.6m 以下土层采用与夏季一致的假设。假设其温度沿深度方向线性变化，由最高值26℃线性变化到底层支撑土下表面温度10℃，采用相同的局部坐标系，地表面为零点，深度方向向下为正方向，则深度方向温度加载函数为：

$$T(x) = -\frac{16}{30113}(x - 2687) + 26 \quad (2687 \leqslant x \leqslant 32800) \qquad (1\text{-}8)$$

式中：T——温度，℃；

x——深度，mm。

1.3.3 计算工况

计算中，需要考虑两种温度状态，即夏季温度和冬季温度。同时也要考虑两种工作状态（两种计算模型），一种工作状态为施工时没有上层盖土，太阳光直射上层混凝土板的模型；另一种工作状态为正常运行中，有上层盖土的模型，该模型中，太阳光直射到上层盖土表面。

两种模型的区别主要在于有没有上层盖土这一部件。换句话说，两种模型的主要区别在于上层混凝土板表面的温度边界条件不一样。当没有上层盖土，太阳光直射上层混凝土板时，在上层混凝土板表面加载温度正弦曲线。当地铁站处于运行状态上层有盖土时，在上层混凝土板表面加载地下 2.6m 处土层对应的温度值。

因此，本项目中整体要涉及四种工况，分别为：

工况一，没有上层盖土模型（施工时），夏季温度场；

工况二，没有上层盖土模型（施工时），冬季温度场；

工况三，有上层盖土模型（正常运行时），夏季温度场；

工况四，有上层盖土模型（正常运行时），冬季温度场。

1.4 计算结果分析

本项目共包括四种工况,使用商业软件ABAQUS模拟分析,并使用曙光工作站进行计算。

1.4.1 工况一计算结果

1)温度场计算

工况一为夏季太阳直射上层混凝土板,由于夏季温度日较差较大,并且直射到混凝土板上,这种状况下整体混凝土结构中温度应力最为明显,本小节重点研究这一工况。

太阳直射上层混凝土板时,温度计算中,温度场按如下方式加载:

①上层混凝土板上表面加载由 70~26℃正弦变化的温度曲线。

②底层支撑土下表面加载 10℃温度,并保持不变。

③在四周填土外表面施加由 26℃沿深度线性变化至 10℃的温度。

④将内部面以及内部梁、柱、壳施加室温 20℃,并保持不变。

由于自然界中,温度变化是逐步缓慢变化的,并不会突然骤变,因此,计算中,需要找到温度的时间稳定点,即计算中第 n 小时与第 $n+24$ 小时温度基本相等。为了达到这种温度时间稳定点,在温度计算中,需要计算很多周期,并最终找到温度时间稳定点。温度传导云图如图 1-19 所示。

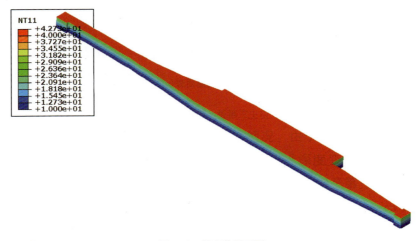

图 1-19　温度传导云图

对于上层混凝土板,由于其受到太阳直射,可沿深度方向取一层单元,如图 1-20 所示。其中节点 0 位于上表面,该点温度等于加载曲线,节点 1、节点 2、节点 3 为沿深度方向节点,其温度值如图 1-21 所示。

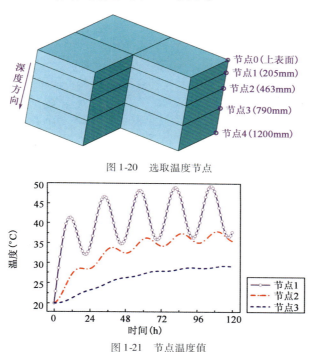

图 1-20　选取温度节点

图 1-21　节点温度值

由图 1-21 可以看出,各节点由 20℃ 开始升温,一定时间后,开始逐渐稳定。节点 1 曲线的峰值变化很小。节点 2、节点 3 的温度也基本保持不变,说明温度传导基本达到温度的时间稳定点。

2）热应力计算

首先,计算重力与挡土墙压力作用下的应力。在重力和挡土墙压力作用下,上层混凝土板中应力以拉应力为主,因此主要查看其第一主应力。第一主应力云图如图 1-22 所示。

由图 1-22 可以看出,在重力和挡土墙压力作用下,上层混凝土板第一主应力的最大值出现在四周混凝土墙支撑处（上层混凝土板四周）,其最大值约为 1.5MPa。其他大部分区域应力值很小,介于 -0.9~1MPa 之间。这个应力水平很小。

对于四周混凝土墙,由于其主要是起到支撑作用,因此在重力和挡土墙压力作用下，其内部以压应力为主，其第三主应力云图如图 1-23 所示。

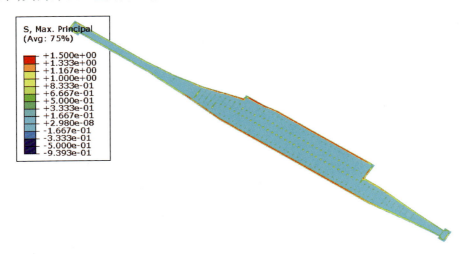

图 1-22　重力和土压力作用下上层混凝土板第一主应力云图

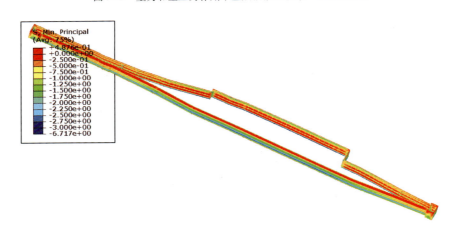

图 1-23　重力和挡土墙压力作用下混凝土墙第三主应力云图

由图 1-23 中可以看出，由于重力作用，第三主应力最大值出现在底层四周的单元，其值约为 -4MPa。

对于下层混凝土板，位于地铁站整体结构最下层，其压应力最大，其第三主应力云图如图 1-24 所示。

由图 1-24 可以看出，由于下层混凝土板对上层整体结构的支撑作用，在与四周混凝土墙衔接以及与立柱衔接的位置，其第三主应力值最大（图中蓝色区域），其值约为 -6.5MPa。这个应力水平也是安全的。

第1章 无伸缩缝超大型地下综合交通枢纽安全设计力学理论基础

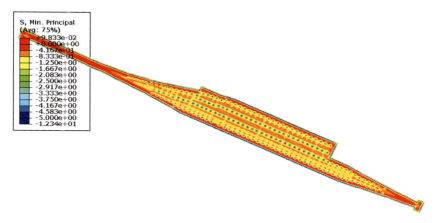

图1-24 重力和挡土墙压力作用下层混凝土板第三主应力云图

其次,计算温度应力。根据《深圳夏季多层土壤温度及其垂直结构日变化特征》,可以看到地下土层温度在80cm以下,其温度随时间变化并不明显,基本保持不变。同时可以看到在地下80cm以下,地温随深度变化很缓慢。在该文献中还可看到,地下3.2m处温度为26℃左右。假设地铁站在浇筑时的平均温度为25℃,即在热应力计算中,可将软件的初始参考温度设置为25℃。

对于温度传导结果,提取节点温度(图1-21)变化稳定的周期,并将加载曲线画在同一图中,如图1-25所示。

从图1-25中可以看出,在6时、18时温度曲线分别达到最大、最小值。因此,在计算热应力时,我们以25℃作为温度初始参考值,在后续分析步中,读取温度变化曲线中6时、12时、18时三个时间点的温度(这三个时刻对应的上表面温度依次为70℃、48℃、26℃),计算模型的热应力。

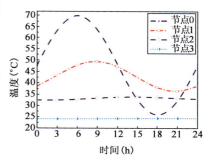

图1-25 各节点温度变化曲线(稳定周期)

首先查看下层混凝土板的主应力。上文已经提到,下层混凝土板的位置较深,基本处于地温的常温层,即其下表面温度为10℃(甲方提供),上表面温度为20℃(室温)。则其温度场处于稳定状态,那么其热应力也处于稳定状态。该层混凝土板的第一主应力云图和第三主应力云图分别如图1-26、图1-27所示。

从图1-26、图1-27可以看出,温度稳态下,下层混凝土板热应力值很小,其第一主应力处于 0.9MPa 以下(拉应力),第三主应力为压应力,压应力最大值约为 4MPa。因此,温度变化对于下层(底层)混凝土板的应力没有明显影响。

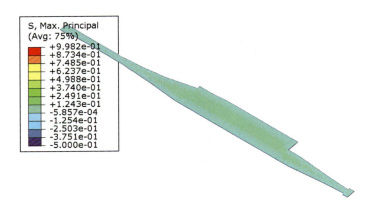

图 1-26　下层混凝土板第一主应力云图

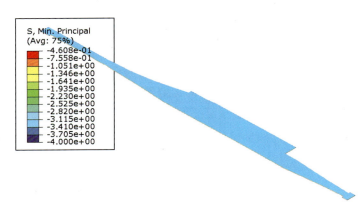

图 1-27　下层混凝土板第三主应力云图

与下层混凝土板类似,四周混凝土墙也处于地温常温层,处于温度稳态。并且其深度较下层混凝土板要浅,其外表面温度要大于底层的 10℃。即混凝土墙内外表面温差相比于下层混凝土板要低,因此,其应力值也要小于下层混凝土板,这里不再显示其应力云图。

鉴于上面的分析,可以看出下层混凝土板和四周混凝土墙体当外界温度变化时应力值都较小,不足以引起结构的破坏。因此,在后续的分析中对这两个部件不再赘述。

基于以上的分析,我们重点考察上层混凝土板的热应力。考虑到上层混凝土板上下两表面温差较大(上表面即太阳光直射的面,下表面即室内的面),为得到更加精确的结果,我们在图1-20网格的基础上,对上层混凝土板网格加密。在厚度方向加密到6层网格,并将长度、宽度两个方向网格尺寸缩小。网格加密后,该板的网格数由296372个单元增大到642240个单元。加密后的网格沿深度方向分布如图1-28所示。加密后,沿深度方向温度曲线如图1-29所示。网格加密后,计算热应力时,将上层混凝土板的下表面(室内面)与四周混凝土墙连接的边缘节点施加固定边界条件,上表面(太阳直射的面)无约束。

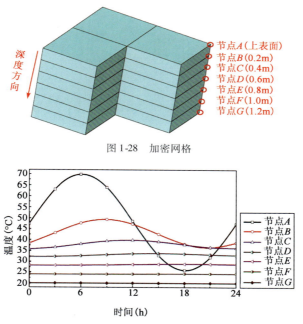

图1-28 加密网格

图1-29 网格加密后各节点温度曲线(夏季)

假设地铁站浇筑时温度为25℃,并以此作为热应力计算时的参考温度,进而计算表面温度(节点A温度)分别为70℃、48℃、26℃时,结构的热应力。这三种情形下,上层混凝土板第一主应力云图如图1-30所示。

由图1-30可知,当季节进入夏季,表面温度由70℃至26℃正弦变化时,上层混凝土板内表面(室内)温度为20℃,该面上第一主应力最大。表面温度分别为70℃、48℃、26℃三种情形下,第一主应力基本相同,表面温度为70℃时,第一主应力达到最大值,约为1.5MPa。同时在图1-30可以看出,上层混凝土板两端尺寸变化处第一主应力偏大,中间尺寸不变处,应力值偏小,但是相差并不太大。由于室内温度一般有空调调节,一年四季温度变化不大,基本在 20~25℃之间,因此室内板面一般不会出现裂纹破坏。另外,工程投入使用前,内表面还要经过装修,表面装修材料还有保温和隔热作用,内表面的实际最大第一主应力会小于 1.5MPa。需要注意的是,这个计算最大主应力仅仅发生在表面,亚表面和材料内部的应力越来越小,即使表面发生个别热裂纹,也不会迅速扩展到深层,混凝土中的钢筋也会起到结构抵抗变形的重要作用。

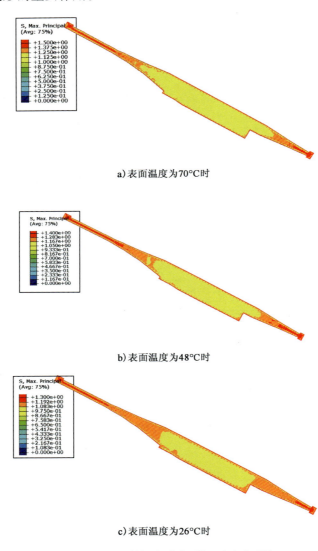

图 1-30　上层混凝土板内表面第一主应力云图

为了详细考察第一主应力沿深度方向变化,当表面温度为 70℃ 时,在混凝土板内表面第一主应力较大处,沿深度选取一列单元(图 1-31),其中,Location 1、Location 2 处应力值偏大,Location 3 处应力值偏小。查看第一主应力沿深度变化,其变化曲线如图 1-32 所示。

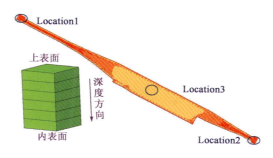

图 1-31　单元选取位置

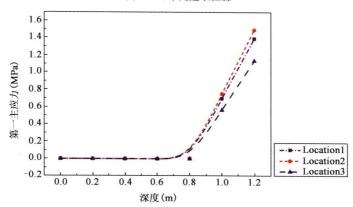

图 1-32　表面温度为 70℃ 时第一主应力沿深度的变化

从图 1-32 中可以看出,第一主应力在三个位置有差别,但是相差并不大。在 Location 2 处第一主应力最大,约为 1.5MPa。由图 1-32 还可以看出,距离上板内表面深度 0.4m 以内,温度应力基本消失。

由于夏季温度较高,结构膨胀,外表面会产生较大的压应力,即第三主应力值会很大。查看上层混凝土板的第三主应力,其应力云图如图 1-33 所示。

由图 1-33 可以看出,表面温度变化时,上层混凝土板第三主应力分布规律相同,只是随着温度的不同会引起应力值大小的不同。由于上表面无约束,当温度变化时,其上表面相当于自由状态,因此其四周边缘应力值较小,中间位置应力值较大(图中黑色部分)。当表面温度分别为 70℃、48℃、26℃ 时,上层混凝土板第三主应力最大值依次约为 −12.5MPa、−8.5MPa、−2.6MPa。

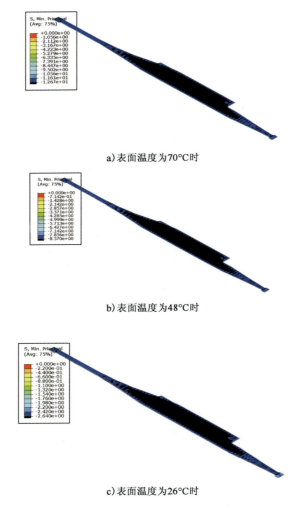

a) 表面温度为70℃时

b) 表面温度为48℃时

c) 表面温度为26℃时

图 1-33 上层混凝土板第三主应力云图

考察上层混凝土板第三主应力随深度变化情况。由于表面温度为70℃时，第三主应力取最大值，因此，应考察该时刻第三主应力沿深度变化情况。仍然选取图 1-31 所示的三个位置，在每个位置沿深度选取一列单元，但是第三主应力与第一主应力不同，第三主应力在 Location 3 处值最大，在 Location 1、Location 2 处值偏小。查看第三主应力在三个位置深度变化，其曲线如图 1-34 所示。

从图 1-34 可以看出，三个位置应力值相差并不大，Location 3 处第三主应力值最大,约为-12.5MPa。因此工程上盖板在夏天遭到高温照射时,外表面主要受到压应力作用,内表面如果温度低于25°,则主要受到微小拉应力作用。

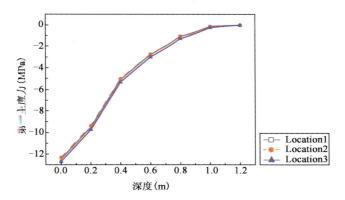

图1-34 表面为70℃时第三主应力沿深度的变化

1.4.2 工况二计算结果

1) 温度场计算结果

工况二为冬季太阳直射上层混凝土板,该工况下,温度场按如下方式加载:

① 上层混凝土板上表面加载由44~12℃正弦变化的温度曲线。

② 底层支撑土下表面加载10℃温度,并保持不变。

③ 在四周填土外表面施加由26℃沿深度线性变化至10℃的温度。

④ 将内部面以及内部梁、柱、壳施加室温20℃,并保持不变。

与工况一相同,对于冬季温度传导,仍需要传导很多周期,得到最终的温度稳定时间。采用与工况一相同的方法,温度传导云图如图1-35所示。

为查看上层混凝土板冬季温度沿深度变化,仍然取图1-20所示节点,查看其温度变化,如图1-36所示。

由图1-36可以看出,各节点由20℃开始升温,最终,温度基本保持稳定状态。

2) 热应力计算

热应力计算采用与工况一相同的假设,假设地铁站浇筑温度为25℃,并以此作为热应力计算时的参考温度。

将工况二与工况一相比较,不难发现两种工况下,主要区别在于上层混凝土板上表面(太阳直射的面)温度加载不一样,对于下层混凝土板以及四周混凝土墙体而言,没有区别。因此,在工况二乃至后面的工况三、工况四不再显示下层混凝土板、四周混凝土墙体的应力云图,只重点查看上层混凝土板这一部件的应力变化。

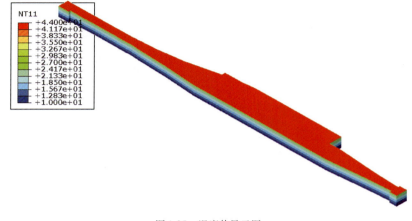

图1-35 温度传导云图

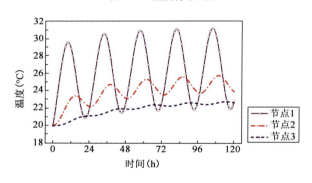

图1-36 节点温度值

对于上层混凝土板,为保证计算精度,仍然选用网格加密的模型,边界条件与工况一保持不变。

选取网格加密模型中,温度传导稳定周期的温度作为热应力计算的温度场进行加载,加密后各节点沿深度方向温度曲线如图1-37所示。

假设地铁站浇筑时温度为25℃,并以此作为热应力计算时的参考温度。鉴于对工况一的分析,发现在温差达到最大值时,应力同样达到最大值。因此,在本工况中,只计算表面温度(节点A温度)分别为44℃、12℃时,结构的热应力。

当表面温度为44℃时,上层混凝土板第一主应力、第三主应力云图分别如图1-38a)、b)所示。

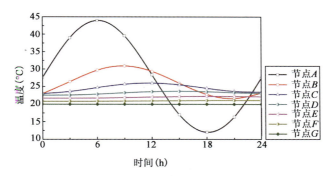

图1-37 网格加密后各节点温度曲线(冬季)

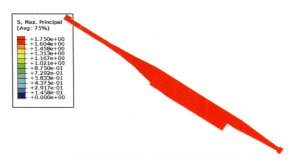

a)上层混凝土板第一主应力云图(从下向上看)

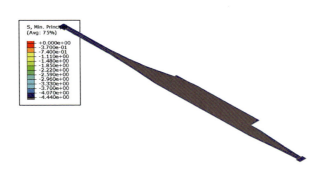

b)上层混凝土板第三主应力云图

图1-38 表面温度为44℃时上层混凝土板第一主应力、第三主应力云图

由图1-38a)可知,第一主应力最大值出现在上层混凝土板下表面(室内的面),第一主应力值分布整体比较均匀,其值约为1.7MPa。由图1-38b)可以看出,第三主应力最大值出现在上表面(太阳光直射的面),由于上表面无约束,因此,其四周边缘应力值偏小,内部应力值偏大,第三主应力最大值约为-4.5MPa。

当表面温度为12℃时,上层混凝土板的第一主应力、第三主应力云图分别如图1-39a)、b)所示。

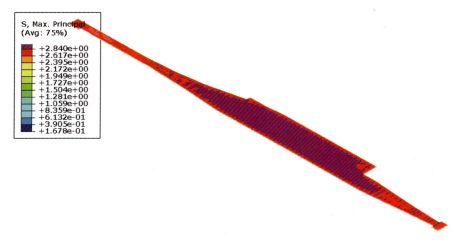

a)上层混凝土板第一主应力云图

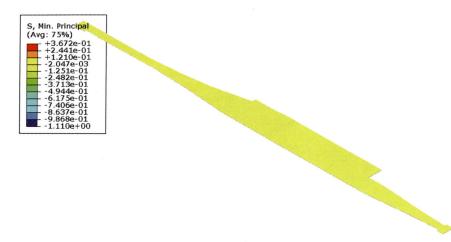

b)上层混凝土板第三主应力云图

图1-39　表面温度为12℃时,上层混凝土板第一主应力、第三主应力云图

冬季温度较低,上层混凝土板收缩,产生拉应力,当冬季夜间温度达到最低值12℃时,拉应力达到最大,约为2.8MPa,如图1-39a)所示。然而,由于冬季晚间温度较低,上层混凝土板以拉应力为主,其压应力很小,其第三主应力基本为零,如图1-39b)所示。因此工程如果要安全过冬,上表面最好覆盖一层保温材料。

根据节点温度图(图1-37),可以看出当表面温度为12℃时,各节点温度都较低,此时第一主应力最大,可查看此时第一主应力沿深度方向的变化情况。同时,由于此时第一主应力分布较均匀,只在图 1-31 中 Location 3 处沿深度选取一列单元,其第一主应力沿深度变化曲线如图 1-40 所示。

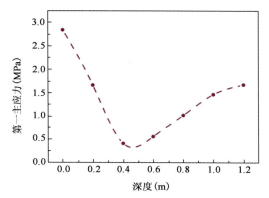

图 1-40　表面温度为 12℃时上层混凝土板第一主应力沿深度的变化

混凝土属于脆性材料,抗拉强度要小于抗压强度。由图 1-40 可以看出,当冬季温度较低时,其拉应力最大,表面第一主应力值可达到 2.8MPa。因此,在冬季夜间,对于混凝土结构要注意保温,以防止温度太低引起表面微裂纹破坏。

1.4.3　工况三计算结果

工况三为夏季地铁站上方有 2.6m 盖土层,太阳光并没有直接照射混凝土,而是照射在地表面。

该工况下,整个地铁站位于 2.6m 盖土以下,根据《深圳夏季多层土壤温度及其垂直结构日变化特征》中描述,太阳光照射地表面,浅层温度随时间正弦变化,而深层土壤,其温度随时间变化并不明显。此文献给出了地温随深度的变化值(2006 年 7 月 22 日 2 时至 23 日 1 时),见表 1-3。

从表 1-3 可以看出,当深度达到 40cm 时,其日变化只有 0.5℃,深度越深,地温越趋于常值。因此,可以说地铁站在正常运行时,处于温度稳态。

地铁站上层混凝土板上表面与 260cm 处土层接触,表 1-4 并没有给出 260cm 处的温度值,根据其 80cm、160cm、320cm 处的温度值,拟合一条曲线(图 1-41),进而计算 260cm 处温度值,约为 26.9℃。

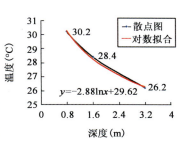

图 1-41　夏季深层土壤温度拟合曲线

基于上面的计算,地铁站运行中,上层混凝土板处于温度稳态,其上表面温度约为26.9℃,下表面温度为室温(20℃),计算其温度稳态传导,进而计算该状态下的热应力。温度稳态下,上层混凝土板第一主应力、第三主应力云图如图1-42a)、b)所示。

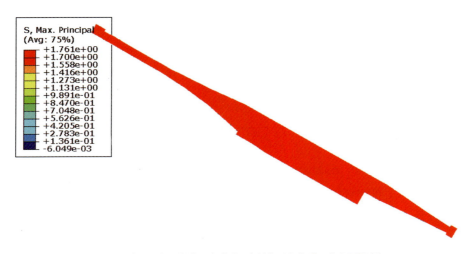

a)上层混凝土板第一主应力云图(从下向上看,内表面最大)

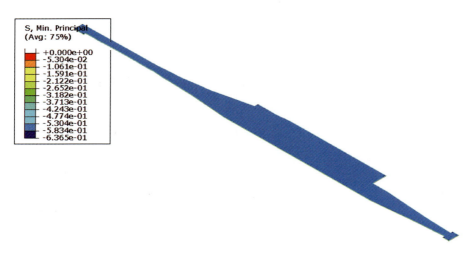

b)上层混凝土板第三主应力云图

图1-42 温度稳态下,上层混凝土板第一主应力、第三主应力云图

根据图1-42,可以看出地铁站运行中,热应力很小,第一主应力最大值约为

1.7MPa,第三主应力最大值约为 -0.5MPa。

1.4.4 工况四计算结果

工况四为冬季地铁站上方有2.6m盖土层,太阳光并没有直接照射混凝土,而是照射在地表面。

根据《深圳冬季多层地温日变化特征》,文中给出冬季地温沿深度变化,见表1-4。

将表1-4与表1-3相对比,可知不管冬季还是夏季,深度为160cm、320cm的土壤温度变化都不大,冬季比夏季稍低。

地铁站正常运行下,冬季、夏季温度变化不大。根据工况三的计算,夏季温度高于冬季时,应力值很小,不会造成地铁站的破坏。同样的,冬季应力值也会很小,不会造成地铁站的破坏。

1.5 混凝土结构表面热疲劳分析

由上面计算分析可知,深圳夏天地面温度最高,冬天地面温度最低,混凝土结构如果在平均温度25℃浇筑和养生完毕,由于环境温度变化引起应力变化最大的构件是上盖板,其他部位温度应力很小,仅仅在外表面可能容易引起表面疲劳微裂纹。上面计算结果可以归纳为表1-5。

深圳福田地铁中转站无伸缩缝混凝土结构热应力分析结果　　表1-5

上盖板可能极限温度	上盖板应力大小与位置	按弹性理论第一主应力(MPa)	按弹性理论第三主应力(MPa)	考虑混凝土徐变效应的第一/第三主应力(MPa)
夏季	白天混凝土表面最高温度70℃	1.5 内表面	-12.5 外表面	0.975/-8.125 内表面/外表面
夏季	晚间混凝土表面最低温度26℃	1.3 内表面	-2.6 外表面	0.845/-1.69 内表面/外表面
冬季	白天混凝土表面最高温度44℃	1.7 内表面	-4.5 外表面	1.1/-2.925 内表面/外表面
冬季	晚间混凝土表面最低温度12℃	1.5 内表面	2.8 外表面	0.975/1.82 内表面/外表面

注 考虑混凝土徐变效应,实际应力保守估计折算35%。

深圳福田超大型综合交通枢纽使用混凝土强度等级为C40,混凝土的抗压强度为26.8MPa,抗拉强度约为2.39MPa,但是根据《混凝土结构的疲劳性能及设计原理》一书的试验结果,C40的相关值会更高,因而设计手册的取值可能是比较保守的数值。根据《混凝土结构的疲劳性能及设计原理》,混凝土受压时的疲劳曲线如图1-43所示,图中σ_{max}为最大压应力,f_{cm}为抗压强度。夏季混凝土外表面受到70℃高温作用时,对于C40混凝土,$f_{cm}=26.8$,$\sigma_{max}=-12.5$MPa,$\sigma_{max}/f_{cm}=0.46$,单纯高温作用时热疲劳寿命为无穷寿命,因此混凝土表面压应力不会引起表面疲劳破坏。

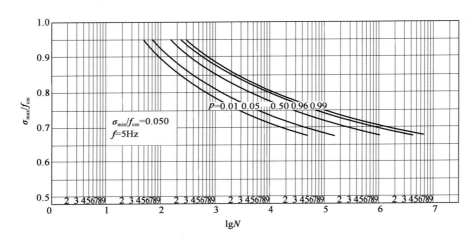

图1-43 混凝土受压时的疲劳破坏SN曲线

但是冬天混凝土表面晚间受到1.82MPa的拉应力,按照《补偿收缩混凝土》的抗拉强度计算,表面不会出现微裂纹;如果按照《混凝土结构的疲劳性能及设计原理》的抗拉强度推算,抗拉强度$f_{ctm}=3.4$MPa,则$\sigma_{max}/f_{ctm}=0.54$,根据图1-44外推估计,疲劳破坏次数约为$10^6$次以上,也就是说深圳每年冬季时间保守计算为120d,热疲劳裂纹寿命为8300多年,属于无穷疲劳寿命。

冬季混凝土外表面的最大拉应力出现在夜间,最大压应力出现在白天,由于外表面一天之内受到拉压应力同时作用,若应力较大容易在表面出现微裂纹。因此混凝土结构浇筑完毕以后建议表面覆盖一层保温保湿的简易材料(例如草帘),不但有利于混凝土的养生,而且有利于消除表面热应力。

由于结构热应力最大值出现在表面,越向结构内部应力越来越小,内部由于受到钢筋的强力约束,结构由于热应力出现很深裂纹的可能性很小。

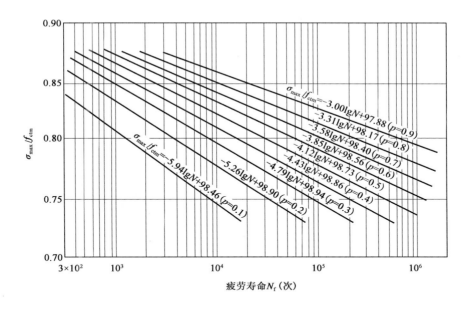

图 1-44 混凝土受拉时的疲劳破坏 SN 曲线

结构的内表面由于是 20~25℃ 的恒温,属于稳态应力,夏天内表面每天的应力变化仅为 0.2MPa,不会出现疲劳裂纹破坏。

1.6 本章小结

①超大型地下多层无伸缩缝混凝土结构设计与连续浇筑是一项大胆的创新举措,不但减少了工程建造成本和维护成本,而且为大型工程结构设计和建造开创出一个新思路。

②超大型地下多层无伸缩缝混凝土结构受到环境温度作用时,最大温度应力主要发生在上部外表面。以深圳气候为例,若彻底暴露于自然环境,夏天结构表面受到压应力,冬天表面受到拉应力,混凝土自身强度可以抵抗表面微裂纹的产生。

③建议在混凝土浇筑后、土层覆盖以前,无论夏天还是冬天,表面最好覆盖一层保温层,或设置自动水喷淋,这样不但可以有利于混凝土养生,而且可以有效降低表面温度应力。

④超大型地下无伸缩缝混凝土结构服役期的最大应力一般出现在结构的变尺寸区域,所以最好不要设计成尺寸突变结构,如丁字形或两头尺寸变大中间尺寸突

然变小的结构。

⑤深圳福田综合交通枢纽超大型无伸缩缝钢筋混凝土结构在浇筑施工期,需要严格保证由于水化热等引起混凝土结构的收缩应力在合理范围内,这部分内容将在第 2 章详细介绍。

⑥理论分析和实践证明,深圳福田综合交通枢纽超大型钢筋混凝土结构不设变形缝,是安全可靠的。建议进一步加强其他超大型混凝土结构无伸缩缝综合研究,并将无伸缩缝设计理念尽快推广应用,同时修改相关规范。

第2章 无伸缩缝超大型地下综合交通枢纽建造关键技术

2.1 前 言

随着我国经济持续快速健康的发展,铁路作为国家交通运输主动脉的地位日益显现,铁路旅客车站作为铁路的重要节点、城市的门户、直接服务旅客的窗口,其影响愈来愈大。随着中国经济的持续高速发展、人民物质生活水平和精神文化水平的提高、流动人口数量的持续增长,传统意义上的铁路旅客车站已无法满足人们的要求。由此催生出具有鲜明时代特征和中国特色的第三代铁路客站。

在建设第三代铁路客站工作中,铁路站房的建造技术也面临着前所未有的机遇和挑战,新型铁路站房建筑体量超大、形体越来越复杂,产生大型客站占地面积超大、阻隔城市区域交通联系等诸多弊端,因而科技人员开始研究将大型客站修建在地下的可能性,这样势必产生诸多特殊结构技术问题。

混凝土是一种非均质的复杂多相复合材料,在其微观结构之间主要的结合力是范德华力,抗拉强度远低于抗压强度,其断裂能与抗弯强度均比较低。由于混凝土材料本身的这种特性,无保实现结构绝对不开裂。大量工程实践也表明,微裂缝的出现是不可避免的。虽然多数情况下,混凝土出现可见的宏观裂缝只是损害结构的外观,并不是所有裂缝都会对结构的安全造成严重的影响,但是开裂又常常是结构设计有误、原材料选择不当、配比不良、施工质量低劣、环境条件作用等的综合反映,裂缝的存在会给侵蚀性介质的侵入提供通道,对混凝土耐久性造成一定的影响。因此,出现裂缝就必须寻求原因,采取相应对策。

调查统计表明,我国的工业及民用建筑中,裂缝主要是由于温度变化和混凝土材料收缩引起的,这类裂缝约占总数的80%以上。过去由于没有可靠的控制措施,因而消极地认为这类裂缝不影响结构安全,在很多情况下可以不进行处理仍旧继续正常使用,并未引起足够的重视。但是近年来由于建筑法的颁布实施,建设单位经常要求分析裂缝产生的原因并找出施工、设计单位的责任,引起的扯皮现象时有发生;此外,现代混凝土的组成材料与以往相比发生了很大变化,不仅水泥的矿物组成、颗粒级配、形貌、细度有变化,配制高性能混凝土的主要技术途径也变为加入各类超细矿物外加剂,这些变化都有可能导致收缩裂缝的增加。再者,用户对工程质量的要求日益提高,因而使控制裂缝的问题已经成为建设工程中迫切需要解决的社会共性问题,也引起了各有关部门的重视。从材料科学角度看,这些裂缝短期内虽然不至于影响结构安全,但裂缝会使材料整体性能产生劣化,严重危及混凝土工程的安全性和耐久性。

因此,对于正在大量建设各种基础设施而结构混凝土开裂现象普遍的我国,迫切需要深入开展对混凝土开裂问题的研究,以提高混凝土工程的耐久性。这不仅是关系到工程的安全性和服役寿命的重大科技问题,而且是关系到国家可持续发展和人们生命财产安全的重大社会问题。

由此可见,超大钢筋混凝土地下结构防裂技术研究是目前第三代铁路客站建设中迫切需要解决的技术课题之一,有非常重要的现实意义和深远的社会影响。

2.2　现状及国内外研究发展概况

2.2.1　国内现状

许多混凝土结构、砌体结构等建筑物在建设过程中出现了不同程度、不同形式的裂缝,这是一个相当普遍的现象。它是长期困扰着建筑工程技术人员的技术难题。虽然结构设计是建立在强度的极限承载力基础上的,但大多数工程的使用标准却是由裂缝控制的。

我国清华大学、东南大学、大连理工大学、中国建筑科学研究院、原冶金部建筑研究总院等都做了大量研究工作,他们编制出的钢筋混凝土规范对裂缝问题作了相关规定,这些规定在工程设计中发挥了重要作用。但是,上述研究机构的研究对象都是由外荷载作用引起的裂缝,而工程实践中的许多裂缝现象往往无法用荷载的原因解释。大批高层建筑地下室在施工期间出现早期裂缝,其宽度及数量均随时间的推移而增加,并未发现荷载的变化。而这些裂缝是由变形作用产生的。

现代混凝土内自由水分少,成型后泌水少,表面水分蒸发快且不能获得充足补充,因此塑性收缩增大,比普通混凝土更易产生塑性裂缝;因此,现代混凝土通常水泥用量较大,强度等级高,水化放热速率大,放热量高。因此,现代能混凝土的早期自收缩和干燥收缩的增大非常显著。研究表明,以毛细孔收缩理论为基础的自收缩和干燥收缩在现代混凝土中有增大的趋势,实践证明也是如此。

同时硬化后的混凝土具有很高的弹性模量,在受到约束的情况下,内部极易因较大收缩产生巨大的拉应力,同时其早期的抗拉强度却很低,拉应力很容易超过其抗拉强度,于是造成混凝土发生开裂。

正是由于以上原因,我国实际工程中的混凝土开裂现象非常普遍,从桥梁、路面等交通设施到沿海的海港工程结构,从民用建筑、商业建筑到一些化工、冶金工业建筑,乃至是水工建筑物,无不存在开裂问题。

2.2.2 国内外研究发展概况

近代科学关于混凝土强度的微观研究以及大量工程实践所提供的经验都说明,结构物的裂缝是不可避免的,但是可以控制,且必须控制在无害范围之内。

国际上许多国家都有专门的科研机构从事钢筋混凝土在荷载作用下裂缝的研究工作,并编制了相关规范,如美国混凝土协会 ACI224 委员会;英国水泥与混凝土协会 C&CA 及其规范 BS8110、BS8011;德国钢筋混凝土协会及规范 DIN 1045—1972;法国规范 CCBA;欧洲混凝土协会 CEB;前苏联混凝土及钢筋混凝土研究院及穆拉学夫学派等。

从国内外有关规范及一些重大工程的实际设计可看出,对待建筑结构变形作用引起的裂缝问题,客观上存在着两类学派。

第一类,设计规范定得很灵活,没有验算裂缝的明确规定,设计方法留给设计人员自由处理。对伸缩缝和沉降缝的设置,没有严格规定,基本上按经验设置,有许多工程不留伸缩缝,不留沉降缝,基本上采取"裂了就堵,堵不住就排(有防排水要求的工程)"的处理手法。一些有关的裂缝计算则只作为参考资料而不作为规定。

第二类,设计规范有明确规定,对于荷载裂缝有计算公式并有严格的允许宽度限制。对于变形引起的裂缝没有计算规定,只要按规范每隔一定距离留一条伸缩缝,即留缝就不裂的设计原则。

采取第一类设计原则的有日本、英国、美国等国家,采取第二类设计原则的有前苏联、德国、东欧一些国家和我国。我国《混凝土结构设计规范》(GB 50010)有关伸缩缝的规定是把结构长度看作控制开裂与否的唯一因素,根据《混凝土结构设计规范》(GB 50010),为避免结构由于温度收缩应力引起开裂,采取永久式伸缩的方法,伸缩缝允许间距为30~55m,露天条件下为20~35m。规范的附注中又明确指出:如有充分依据和可靠措施时,上述规定可以增减。

其他有关的规程中还有允许采用"后浇带"取代伸缩缝的办法。有些工程长度超过规范的规定并没有开裂。从防水角度分析,由于近代建筑规模日趋宏大,超长、超宽、超厚结构都日趋增多,永久性的变形缝给工程的防水质量带来严重不利,止水带渗漏是常见而又难以处理的质量缺陷。所以,后浇带的应用是一种进步,但并不是在任何条件下都能奏效,且施工难度很大,质量难以控制。

大量的工程实践证明,留缝与否,并不是决定结构变形开裂与否的唯一因素,留缝不一定不裂,不留缝不一定裂,是否开裂与许多因素有关。

从混凝土材料角度来看,针对不同裂缝提出不同的预防、控制手段显得非常必要。德国Springenschmid、Breitenb a cher和Mangold在1994年RILEM会议上的报告中提出控制裂缝尤其是微裂缝的措施如下:

①低的混凝土拌合物温度。

②低的混凝土早期强度发展率。

③低温度的水泥。

④用粉煤灰部分取代水泥。

⑤用低热膨胀系数的骨料。

⑥在拌合物中引入约4%体积的气体。

⑦避免掺用硅灰。

目前国内混凝土材料抗裂主要有以下措施:

①采用补偿收缩混凝土技术。在吴中伟院士的补偿收缩混凝土理论的指导下,我国混凝土膨胀剂开发应用已有20多年历史,取得了很大成绩。补偿收缩混凝土能明显改善混凝土的孔结构和孔级配,提高混凝土抗渗能力,在钢筋及临位限制状态下可使混凝土内部产生0.2~0.7MPa的预压应力,具有补偿收缩功能。补偿收缩混凝土技术主要应用于钢筋混凝土结构自防水、防潮,补偿大体积混凝土部分温差应力,适当延长伸缩缝间距等方面。但是,膨胀剂质量的稳定性和应用技术仍存在不足,有待进一步改进,尤其是随着低水胶比的高性能混凝土的应用,混凝土

内部自由水量少，外部养护水又不能穿过致密的水泥石结构进入混凝土内部，膨胀剂补偿收缩的作用难以发挥。普通的膨胀剂已不能满足现代混凝土补偿收缩的要求。

②采用饱水的低密度细骨料（LWA）替代部分砂，以通过提供"内部养护水"来减缓内部相对湿度降低，从而减小自生收缩。我国已开展了这方面的研究，但并未在实际工程中获得广泛应用，仍存在一些问题急需解决，如如何控制混凝土的均质性等。

③提高混凝土本身的极限抗拉强度来说，目前主要采用纤维增强，以降低混凝土表面泌水和骨料沉降，提高混凝土抗拉强度及断裂韧性，从而有效避免混凝土早期出现开裂、减小开裂面积和裂缝宽度。但是加入纤维不会从根本上防止裂缝，只是将大裂缝分散成小裂缝，这些不可见的小裂缝仍然会成为有害介质的侵入通道，影响混凝土长期耐久性，且纤维的加入会改变混凝土孔结构，使大孔增加，降低混凝土抗渗性。

以上表明，钢筋混凝土结构的抗裂问题是世界性的难题，国内外专家学者为此倾注了大量心血，但都往往局限于各自专业范畴，没有从构造设计、材料、施工、监测全面考虑混凝土结构的抗裂问题，尤其是对超大钢筋混凝土地下结构更缺乏深入的研究。因此，迫切需要解决超大钢筋混凝土地下结构的抗裂问题，建立混凝土抗裂技术在大跨度深埋地下结构应用的示范工程，推动混凝土抗裂产品在大跨度深埋地下结构的应用。

2.3 研究方法、试验方法及材料

2.3.1 研究方法

本书采用调研和资料分析、理论计算、试验室科学研究、现场监测等研究方法，以调研和资料分析为基础，以理论计算、试验室为研究手段，以现场监测作为研究成果的验证、修正手段。

1）调研和资料分析

对目前采取的技术、材料、工程效果进行调查研究，针对研究内容，对超长混凝土结构材料抗裂技术相关的国内外科研成果、工程实例等文献进行收集、整理、分析，完成文献检索与调研工作。

2）理论计算

分析混凝土开裂的各种影响因素，确定地下钢筋混凝土结构的温度（气温和水化热）变化值，计算温度（干缩）应力对钢筋混凝土的影响。在工程结构力学的指导下，遵从"抗""放"结合的原则，结合材料的科研成果以及国内外类似工程经验，确定车站主体结构裂渗控制措施。

3）试验室科学研究

在水泥化学、热力学、表面化学、毛细管蒸发理论及复合材料理论指导下，通过科学、可靠、简单、快速的试验方法，对减少混凝土收缩开裂技术进行试验室系统研究，确定超长混凝土结构材料抗裂技术，为设计提供裂渗控制指标。

4）现场监测

在试验室试件测量技术研究成果的基础上，在施工现场对大型超深埋车站主体结构进行收缩变形、大体积混凝体水化热导致的温度变形的预测和预报分析，对研究成果进行验证、修正，在此基础上进一步对后续施工进行预测，为大型超深埋车站主体结构的设计、材料、施工提供指导性依据和现场监控手段，以达到安全施工和优化设计的目的。

2.3.2 试验方法

1）混凝土温度收缩应力的研究

采用直接法测量胶凝材料体系水化热，采用多点连续测温技术，模拟环境变温情况，测定胶凝材料和混凝土在半绝热—散热条件下的温升情况，辅以直接水化热法，研究混凝土温度收缩应力的控制方法。

2）混凝土干燥收缩应力的研究

采用单向约束杆件原理的"混凝土限制膨胀收缩装置"将变形测量转换为应力测量，研究不同条件混凝土的干燥收缩应力变化情况。

3）补偿混凝土收缩应力的研究

在水泥化学指导下，通过"水泥砂浆膨胀收缩测量仪"和"水泥砂浆、混凝土收缩应力测试方法"，建立高性能混凝土的有效膨胀模式，对补偿混凝土收缩应力进行研究。

4）分散收缩应力的研究

在复合材料理论的指导下，通过棱柱体混凝土试件，按照纤维增强混凝土实验方法,研究各种纤维对收缩应力的分散能力。

5)试件收缩变形监控技术

采用角位对中、点面接触原理结合计算机技术研发高精度的点接触自动变形测量装置,研究工程现场试件收缩变形监控技术。

6)工程现场混凝土开裂预警系统的研究

根据监控量测信息,采用单向约束杆件原理的"混凝土限制膨胀收缩装置"将试件变形测量转换为应力测量,研究大型超深埋车站主体结构混凝土的收缩应力变化情况,在工程结构力学、水泥混凝土科学指导下,采用概率统计法对混凝土开裂趋势和评价方法进行研究,建立预警系统。

2.3.3 试验材料

1)水泥

河北冀东水泥有限公司生产的42.5MPa普通硅酸盐水泥,化学成分见表2-1。

原材料化学成分　　　　　　表2-1

材料名称	化学成分(%)						
	烧失	SiO_2	Al_2O_3	Fe_2O_3	CaO	MgO	SO_3
水泥	2.61	25.41	6.65	3.37	55.63	3.29	2.09
粉煤灰	0.92	51.69	38.61	4.14	2.99	0.51	—
磨细矿渣	—	33.86	14.75	1.37	35.53	10.12	
硅灰	6.08	82.91	2.55	3.70	2.99	0.68	
UEA	9.63	14.23	2.30	34.36	2.49	30.88	—
HCSA	0.80	8.44	6.92	1.84	64.57	4.42	11.29

2)粉煤灰

北京石景山热电厂的Ⅱ级粉煤灰,化学成分见表2-1。

3)磨细矿渣粉

天津豹鸣股份有限公司生产,比表面积为400m^2/kg,化学成分见表2-1。

4)硅灰

山西产,化学成分见表2-1。

5)膨胀剂

天津豹鸣股份有限公司生产的低碱UEA和高效膨胀剂HCSA,化学成分见表2-1。

6）减水剂

萘系高效减水剂 UNF、蒽系高效减水剂 AF、三聚氰胺高效减水剂 SM、氨基磺酸盐高效减水剂 AH、木质素磺酸钙萘系高效减水剂 Mca、萘系缓凝高效减水剂 BMRH。

7）砂子

中砂,细度模数为2.5。

8）石子

石灰岩碎石,最大粒径为25mm。

9）纤维

上海罗洋新材料科技有限公司的纤维素纤维 UF500、高韧高弹纤维 UF600 以及中国纺织科学研究院的 PP 聚丙烯纤维。

2.4 大跨度深埋地下结构抗裂结构形式的研究

合理的结构形式决定大跨度深埋地下铁路客站主体结构使用功能和结构安全性,因此,必须对大跨度深埋地下车站结构合理抗裂结构形式进行研究。

2.4.1 主体结构伸缩缝设置的研究

设置伸缩缝是为了防止温度变化和混凝土收缩而引起结构产生过大的约束应力,避免约束应力超过混凝土的抗拉强度时引起结构产生裂缝。根据现行《混凝土结构设计规范》(GB 50010)规定,位于土中地下室侧壁类现浇钢筋混凝土结构伸缩缝最大间距为30m,而《地铁设计规范》(GB 50157)要求在区间隧道和车站结构中不宜设置沉降缝,但对伸缩缝未作具体规定。

本节从约束应力的角度,对大跨度深埋地下铁路客站主体结构的伸缩缝间距进行了研究,提出了大跨度深埋地下铁路客站主体结构伸缩缝间距的影响因素、计算方法及减少约束应力延长伸缩缝间距或不设伸缩缝的构造措施。

1）约束应力及其影响因素

（1）约束应力的研究

确定大跨度深埋地下超长结构的伸缩缝设置首先要计算地下结构所承受的外约束应力,考虑到工业与民用建筑的地基较为软弱,因此需要假定地基结构物为非

刚性假定,结构物同地基接触面的剪应力与水平变位成线形比例,即:

$$\varGamma = -C_x u \tag{2-1}$$

式中:$\varGamma$——结构物同地基接触面的剪应力,MPa;

u——地基水平位移,mm;

C_x——地基阻力系数,n/mm³,负号表示剪应力永远与位移相反。

C_x 偏于安全地按表 2-2 选取。

地基阻力系数表　　　　　表 2-2

岩 土 种 类	C_x 范围(10^{-2} n/mm³)
软黏土	1~3
一般砂质黏土	3~6
坚硬黏土	6~10
风化岩、低等级素混凝土	60~100
C10 以上配筋混凝土	100~150

大跨度深埋地下铁路客站超长结构的底板和墙体的特点是厚度或高度 H 远小于长、宽方向尺寸 L,当 $L/H<0.2$ 时,板在温度收缩、干燥收缩变形作用下,离开端部区域,全截面受拉应力较均匀。在地基约束下,将出现水平法向应力 σ_x,σ_x 是设计主要控制应力,是引起垂直裂缝的主要应力,出现在如图 2-1 所示的截面中点 $x=0$ 处。

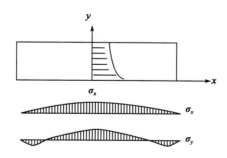

图 2-1　构件的主要应力图

法向最大应力 $\sigma_{\max}$ 公式为:

$$\begin{cases} \sigma_{\max} = -E\alpha T\left(1 - \dfrac{1}{\cosh\beta\dfrac{L}{2}}\right) \\ \beta = \sqrt{\dfrac{C_x}{HE}} \end{cases} \tag{2-2}$$

式中：H——板厚，mm；

E——混凝土弹性模量，MPa；

L——结构物的长度，mm；

cosh——双曲线余弦函数；

α——混凝土线膨胀系数，为 $1.0 \times 10^{-5}/℃$；

T——综合温差，$T = T_1 + T_2 - T_3$；

T_1——混凝土因水泥水化引起的温升值；

T_2——混凝土收缩当量温差；

T_3——混凝土膨胀当量温差。

仔细研究式(2-2)我们可以发现法向最大应力 σ_{max} 公式与构造及材料两大因素有关，我们把他们记做构造系数 S 和材料因子 M，其中：

材料因子公式表达为：

$$M = -E\alpha T \tag{2-3}$$

构造系数为：

$$S = 1 - \frac{1}{\cosh\beta\frac{L}{2}} = 1 - \frac{1}{\cosh\left(\sqrt{\frac{C_x}{E}}\sqrt{\frac{L}{H}}\frac{\sqrt{L}}{2}\right)} \tag{2-4}$$

从式(4-3)可以看出：法向最大应力 σ_{max} 与材料因子 M 呈线性关系，即与水化温差 T_1、收缩 T_2、膨胀 T_3 所构成的综合温差、混凝土弹性模量和混凝土线膨胀系数成正比例关系，而这些因素都是混凝土材料性质。

构造系数 S 是[0,1]之间的数，与结构物的长度 L、长高比 L/H、地基阻力系数 C_x 等构造因素有关。

(2)约束应力的影响因素

①地基约束系数对构造系数 S 的影响。图 2-2 为相同长高比($L/H = 10$)下，不同地基约束系数、结构物长度与构造系数 S 的关系。

从图 2-2 可明显看出：构造系数 S 在相同长高比 L/H 的条件下，随着地基阻力系数 C_x 的增加，构造系数 S 显著增加，当 C_x 趋于零时，地基对底板的约束几乎不产生阻力，底板接近自由变形，伸缩缝间距可无限延长。

在高地基阻力系数 C_x 的情况下，构造系数 S 只在 20～50m 较短范围内对消减收缩应力起到显著作用，超过一定长度，构造因子 S 趋于常数 1，起不到应有的作用。

通过构造设计,在地基与混凝土底板之间设置滑动层或缓冲层减少地基约束,可有效释放约束应力。

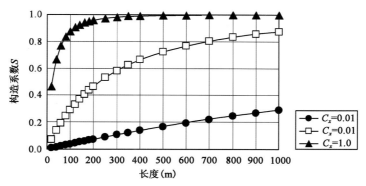

图 2-2　地基约束系数、结构物长度与构造系数 S 的关系

②长高比对构造系数 S 的影响。图 2-3 为相同地基阻力系数 C_x (C_x = 0.01N/mm³)下,构造物不同长高比、结构物长度与构造系数 S 的关系。

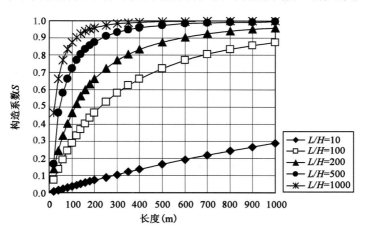

图 2-3　长高比、结构物长度与构造因子 S 的关系

图 2-3 中显示:在相同地基阻力系数 C_x 条件下,随着长高比 L/H 的增加,构造因子 S 显著增加;在长高比 $L/H>500$ 的情况下,构造因子 S 只在100m范围内显著消减约束应力,超过一定长度,不能起到释放收缩应力的作用。

通过合理分缝设计,降低结构的长高比 L/H,减小缝内的长度,可有效释放约束应力。

构造系数 S 与结构物的长度 L、长高比 L/H、地基阻力系数 C_x 等构造因素有关。通过合理的设计构造形式，可降低构造系数 S 的数值，可有效地释放结构承受的约束应力。可以说构造系数 S 表征的是"放"的技术路线。

（3）材料因子 M 的影响因素

从式（2-2）可以看出：法向最大应力 σ_{max} 与材料因子 M 呈线性关系，即与水化温差 T_1、收缩 T_2、膨胀 T_3 所构成的综合温差、混凝土弹性模量和混凝土线膨胀系数成正比例关系，而这些因素都是混凝土材料性质。

混凝土弹性模量和线膨胀系数是混凝土的基本性质，他们随着强度等级的变化而波动，在混凝土抗压强度确定的情况下，弹性模量和线膨胀系数很难发生本质的变化。

而综合温差 T 却可以通过混凝土材料科学研究，大幅度降低。通过使用多元胶凝材料、新型抗裂材料，降低水化温差 T_1、收缩当量温度 T_2，提供有益的膨胀当量温度 T_3，实现降低约束应力的目的。降低材料因子 M 体现了"抗"的技术路线。

（4）裂缝机理与工程实践

通过深入研究超大无缝结构的裂缝开展机理，我们遵循以下自然规律，可以采取完全不同的两种设计理念和施工工艺。

①伸缩缝间距与地基阻力系数 C_x、结构长高比、宽高比有关；结构厚度、混凝土弹性模量、混凝土综合温差和混凝土极限拉伸有关。一般地下主体结构所受的法向最大应力 σ_{max} 与结构的地基约束程度、长高比 L/H、长度有关，结构设计中采取降低地基阻力系数 C_x、减小结构的长高比 L/H 和结构的长度的措施，减小结构所承受的约束应力，这种方法被称为"释放约束法"。

②通常超大型地下钢筋混凝土主体结构具有高地基阻力系数 C_x 和超大的长高比和宽高比特点，甚至是无法干预和改变的，且长宽互为约束，伸缩缝起不到释放温度、释放收缩应力的作用。只能采用另一种正好相反的方法"完全保留自然约束法"，即结构设计中顺其自然，充分利用天然地基阻力系数，如自然摩擦力、桩基、底板下翻梁等，通过降低混凝土温差，减少混凝土收缩应力，提供膨胀应力，充分利用抵抗地震破坏力的内应力抵抗温度应力，完全可以不设伸缩缝。福田枢纽超大地下主体结构就是遵循自然规律的成功案例。

2）伸缩缝间距的研究

当结构所受的最大应力刚达到抗拉强度 $\sigma_{max} = R_f$ 尚未开裂时，且水平应力达到抗拉极限强度时，混凝土的拉伸变形即达到极限拉伸变形，此时满足：

$$\sigma_{\max} = R_f \tag{2-5}$$

$$R_f = E\varepsilon_p \tag{2-6}$$

式中：ε_p——混凝土极限延伸。

已知，各变量关系式为：

$$\begin{cases} \sigma_{\max} = E\varepsilon_p = -E\alpha T + \dfrac{E\alpha T}{\cosh\beta \dfrac{L}{2}} \\ \cosh\beta \dfrac{L}{2} = E\alpha T + \dfrac{E\alpha T}{E\alpha T + E\varepsilon_p} \\ \dfrac{L}{2} = \dfrac{1}{\beta}\mathrm{arcosh}\dfrac{\alpha T}{\alpha T + \varepsilon_p} \end{cases} \tag{2-7}$$

由此可知，最大伸缩缝间距以$[L_{\max}]$表示为：

$$[L_{\max}] = 2\sqrt{\dfrac{EH}{C_x}}\mathrm{arcosh}\dfrac{\alpha T}{\alpha T + \varepsilon_p} \tag{2-8}$$

式中：arcosh——双曲余弦的反函数。

式(2-8)中，如 T 为正值（升温或膨胀），极限应变 ε 为负值（压应变）；如 T 为负值（降温或混凝土收缩）极限应变 ε 为正值（拉应变）。T 与 ε 永远异号，为便于表示，以绝对值表示：

$$[L_{\max}] = 2\sqrt{\dfrac{EH}{C_x}}\mathrm{arcosh}\dfrac{|\alpha T|}{|\alpha T| - \varepsilon_p} \tag{2-9}$$

式(2-9)建立在最大应力刚达到抗拉强度即 $\sigma_{\max} = R$，尚未开裂的基础上，如达到后瞬间开裂，最小间距为：

$$[L_{\min}] = \dfrac{1}{2}[L_{\max}] = \sqrt{\dfrac{EH}{C_x}}\mathrm{arcosh}\dfrac{|\alpha T|}{|\alpha T| - \varepsilon_p} \tag{2-10}$$

由此可得，平均伸缩缝间距为：

$$[L] = \dfrac{1}{2}\{[L_{\max}] + [L_{\min}]\} = 1.5\sqrt{\dfrac{EH}{C_x}}\mathrm{arcosh}\dfrac{|\alpha T|}{|\alpha T| - \varepsilon_p} \tag{2-11}$$

式(2-11)中显示的伸缩缝间距公式可以看出，温差 T_1、收缩当量温差 T_2、膨胀当量温差 T_3 与混凝土极限拉伸的关系更加重要，$|\alpha T|$ 与 ε_p 差距越小，伸缩缝间距越大，当 $|\alpha T| = \varepsilon_p$ 时，伸缩缝可无限延长，取消伸缩缝。

通过上述研究表明，伸缩缝间距与地基阻力系数 C_x、结构厚度、混凝土弹性模量、混凝土综合温差和混凝土极限拉伸有关。通过降低混凝土温差T_1，减少混凝土收缩当量温差T_2，产生膨胀当量温差T_3，使用抗裂纤维，增加混凝土极限延伸率，使综合温差T与混凝土极限拉伸相接近，可有效延长伸缩缝间距。

2.4.2 主体结构施工连接缝设置的研究

深埋车站主体结构具有体形长大、深埋地下等特点，混凝土体积大，由温度和收缩引起的应力大，深埋车站主体结构伸缩缝目的主要为解决建设期内由于混凝土水化热、干燥收缩所导致的收缩应力。

由式(2-4)可知：收缩应力随着建筑物长高比L/H的降低而显著下降，遵循"放"的原则，在大型客站主体结构施工过程中设置连接缝，把超大超长结构分成若干个低长高比的区段，待早期剧烈的水化温度应力和收缩应力释放后，把这些区段浇成整体，实现控制裂缝的目的。

在施工期间为有效减小结构温度应力、收缩应力，在对应力影响较为显著的长度范围内设置连接缝，这些连接缝一方面是施工工艺的需要，一方面又可有效的释放收缩应力，本研究中称为施工连接缝。施工连接缝可分为施工缝、后浇带、诱导缝等，这些缝存在于施工阶段，可以有效释放温度应力、收缩应力，对于防止或限制结构开裂都有重要的作用。因此，有必要研究施工连接缝在大型深埋客站主体结构的结构形式。

1）施工连接缝的留置方式

（1）施工缝

施工缝主要是适应工程施工的需要而留置的工艺连接缝。

将结构混凝土按施工缝分层分段浇筑，一方面是施工的需要，一方面能减少构件内的水化热积聚，降低混凝土水化热所致的温差T_1；施工停顿间隔可使已浇筑的混凝土完成初期激烈的体积收缩，降低收缩当量温差T_2，这些均能减小混凝土收缩应力，对大型客站超大、超长主体抗裂有非常重要的作用。

由式(2-4)可知：收缩应力与建筑物长高比L/H有关，在相同地基阻力系数C_x条件下，随着建筑物长高比L/H的降低，构造因子S显著降低，通过施工缝将墙体、底板分段或间隔跳仓浇筑，每段混凝土的L/H均较小，内部拉应力被有效释放。大型深埋客站主体的底板和外墙处于潮湿结构，干燥收缩较小，造成混凝土开裂的主要原因是早期温度收缩，利用施工缝与后浇带相结合的"跳仓法"间隔浇筑混凝土,可有效地减小混凝土收缩应力,尤其是大体积混凝土的温度应力。

施工缝应不损害结构的整体性,至于受力较小的部位,构件中的钢筋应全部穿过施工缝。为保证混凝土的防水效果,在施工缝的位置需设置止水带或遇水膨胀止水条。图2-4为施工缝的构造。

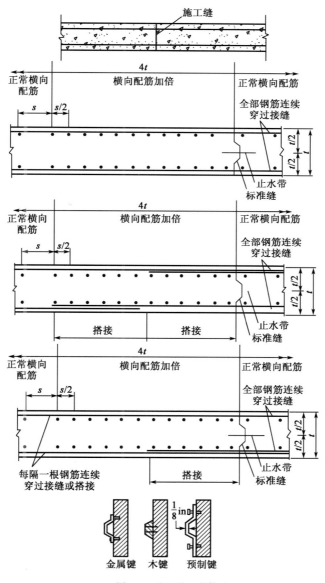

图2-4 施工缝工艺构造

施工缝两侧的混凝土应保证良好的黏接,浇筑前应清理并凿毛清洗,在铺设砂浆后再进行新混凝土的浇筑。

(2)后浇带

后浇带是施工期间为解决温度收缩、干燥收缩所设置的临时性伸缩缝,是工艺连接缝的重要组成部分。

在《混凝土结构设计规范》(GB 50010)、《高层建筑混凝土结构技术规程》(JGJ 3)及《建筑抗震设计规范》(GB 50011)中,都对后浇带有一定的构造做法要求。

大体积、大面积及超长结构,可采取设置后浇带的措施释放收缩应力。后浇带宽度不宜小于 800mm,一般可于两侧混凝土完成部分收缩和水化热引起的冷缩后,采用补偿收缩混凝土浇筑后浇带。大体积混凝土需待两侧混凝土中心温度降至环境温度时再浇筑。

为有效释放钢筋中的应力,必要时可以将后浇带钢筋截断,待浇筑后浇带混凝土前再将钢筋连接在一起,亦可采用钢筋搭接方式,为达到防水要求需要设置埋入式止水带。

在工程实践中后浇带的施工工艺复杂,施工流水组织困难,作业条件较差,质量难以控制,建议慎重采用。

(3)诱导缝

诱导缝是为了控制混凝土开裂的位置,人为地造成薄弱连接面,或人为削弱这一部位的构件截面而留置的施工连接缝。

诱导缝的工艺构造见图 2-5。

通过诱导缝的留置,当构件收缩应力大于其抗拉强度时,构件在设定位置有序开裂。诱导缝开裂后,构件的长高比 L/H 减少,释放了收缩应力,防止在其他部位继续发生无序的开裂。

诱导缝的钢筋可以部分穿过接缝,也可以全部断开。诱导缝处的构件截面厚度需减缩,在表面处做出沟槽并用防水材料嵌填密封。通常可在浇筑前嵌入木条形成沟槽,或在浇筑 24h 内在混凝土表面锯出沟槽。为保证结构的防水功能,必须在诱导缝内埋入止水带。

诱导缝的施工可与施工缝一样间隔施工,也可连续施工,但都必须削弱接缝处的界面,保证截面削弱深度不小于截面的 $1/5 \sim 1/4$,实践证明诱导缝施工难度大,效果不理想,后期漏水难以处理。

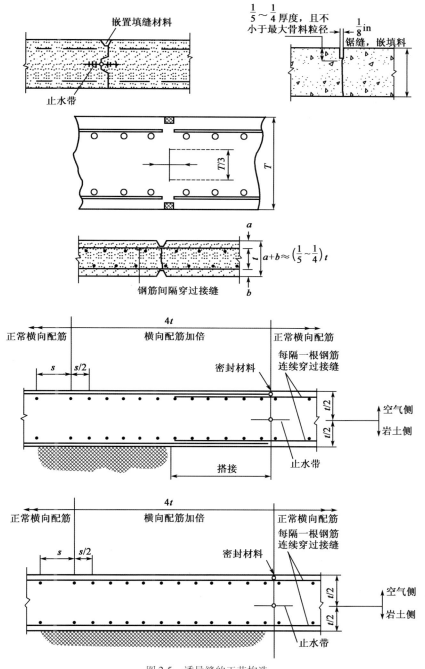

图 2-5 诱导缝的工艺构造

2)施工缝的间距

施工连接缝对大跨度深埋客站主体结构的抗裂贡献在于施工阶段有效地释放了收缩应力,通过收缩应力及伸缩缝间距的研究可知,施工连接缝间距与混凝土收缩特性、温差大小、混凝土极限延伸率、结构所受的约束程度、构件的长高比 L/H 、配筋率等因素有关,并且施工连接缝只在较短范围内对消减收缩应力起到显著作用,超过一定长度则起不到"放"的作用。

由上面研究结果可知:如果在施工连接缝之间不允许出现裂缝,那么施工连接缝间距就是最大应力刚达到抗拉强度即 $\sigma_{\max}=R$ 时的平均伸缩缝间距。也就可以利用式(2-11)进行计算,即:

$$[L]=1.5\sqrt{\frac{EH}{C_x}}\cdot \operatorname{arcosh}\frac{|\alpha T|}{|\alpha T|+\varepsilon_p} \tag{2-12}$$

大型深埋客站主体结构往往具有超长、超宽、超厚、长高比大的特点,墙体更明显具有高地基阻力系数 C_x 的特点,超过 20~50m 的长度范围构造系数 S 趋向于常数 1,为简便计算,令构造系数 $S=1$,公式(4-2)就变为:

$$\sigma_{\max}=-E\alpha T \tag{2-13}$$

如果保证结构不开裂,就必须实现混凝土抗拉强度 R_f >最大法向应力 $\sigma_{\max}$,结合公式(4-6),可得到:

$$\varepsilon_p > -\alpha T \tag{2-14}$$

进而得到:

$$\varepsilon_p > \varepsilon_2 - S_t - S_d \tag{2-15}$$

式中: ε_2 ——限制膨胀率;

S_t ——干缩率;

S_d ——干缩率。

式(2-15)与膨胀混凝土的基本理论和观点相一致。

根据我国著名的水泥混凝土专家、中国工程院资深院士吴中伟教授关于膨胀混凝土的基本理论和观点,防止混凝土开裂,有如下判据:

$$|\varepsilon_2-(S_t+S_d-C_T)|\leqslant S_k \tag{2-16}$$

式中: ε_2 ——限制膨胀率;

S_t ——干缩率;

S_d ——干缩率;

C_T——受拉徐变率,徐变 C_T 对补偿收缩防止开裂是有利因素;

S_k——极限延伸率。

满足上述判据,就不必设伸缩缝,否则应设伸缩缝。

比较可见,伸缩缝间距计算公式在极限状态下其本质同吴中伟院士的补偿收缩混凝土理论完全一致。

因此大型深埋车站主体抗裂结构设计中采用补偿收缩混凝土,增加混凝土有益的膨胀变形,对延长施工连接缝间距具有重要的意义。

3)施工缝的留置时间

从释放温度应力和收缩应力的角度来看,施工连接缝保留时间当然越长越好,但必须满足施工时间的限制,保证混凝土水化热已得到初步释放,且收缩完成30%以上。

图 2-6 为混凝土限制收缩实验结果,从图 2-6 中可以看出这样的趋势:混凝土在相同限制程度下,限制收缩率随着水灰比降低而增大,早期的收缩增大的趋势更明显,这个趋势在龄期 56d 之前非常显著,之后收缩速度明显减慢。图 2-6 还可清晰地表示:水灰比越低,也就是混凝土强度等级越高,早期完成的收缩值越高,14d 完成 180d 总收缩的 45% ~ 75%,而 28d 则完成总收缩的 75% ~ 90%。

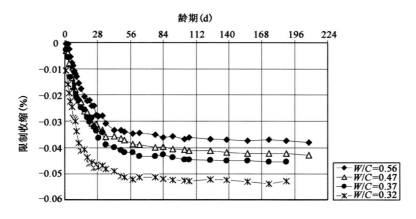

图 2-6　混凝土限制收缩实验结果

通过收缩的研究,我们发现混凝土从释放收缩应力和保证施工时间的角度上看,施工连接缝留置的时间以 14 ~ 28d 为宜。

为保证有效的释放温度应力,应根据混凝土的强度等级、厚度、配合比、散热情况、施工季节等实际条件对大体积混凝土的温升情况进行估算或模拟实验,根据实际情况确定大体积混凝土释放水化热的施工连接缝留置时间。

图2-7 为不同混凝土厚度、不同施工季节的混凝土的温度变化曲线,表2-3 为温度变化曲线所对应的混凝土厚度、施工季节。从图2-7 可以看出这样的趋势:混凝土厚度不同,施工季节不同,混凝土水化温升曲线不尽相同,由水化峰值降至环境温度的时间不同,除超厚大的 F 线外,10~30d 水化热已基本散发完毕。可根据这个实测的温升曲线选择释放温差应力的合适时间,即施工连接缝留置时间。

温度变化曲线与混凝土厚度、施工季节对照表　　表2-3

编　号	混凝土厚度(m)	施 工 季 节
A	2.6	夏季
B	1.3	夏季
C	2.6	冬季
D	1.3	冬季
E	2.5	夏季
F	4.59	秋季
G	0.5	冬季
H	0.5	夏季

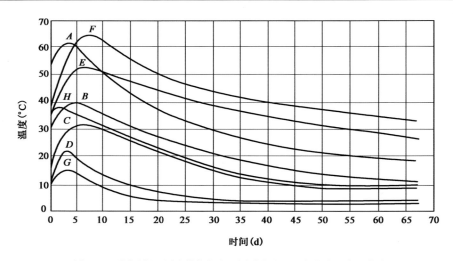

图2-7　不同混凝土厚度结构物在不同季节施工的水化热升降温曲线

施工连接缝的留置时间应根据膨胀收缩变形、水化热的散发以及施工需要综合考虑。

2.4.3 超大结构抗裂构造设计及施工方法的研究

采用伸缩缝、后浇带、诱导缝等变形缝是提高长大深埋车站主体结构抗裂能力有效措施,但变形缝只在较短的间距范围对削减温度收缩应力起显著作用,超过一定长度,即使设变形缝缝也没有意义。按理论计算,变形缝有效间距为 20~60m。

具有鲜明时代特征和中国特色的第三代铁路客站站房建筑体量超大、形体复杂,主体结构具有超长、超宽、超厚、长高比大、基础限制程度大等特点,按照以上间距设置变形缝,会给建筑功能、结构设计和施工带来很多麻烦,工期延长,模板周转、降水和施工管理费都将增加,在保证主体结构抗裂的前提下,进一步延长变形缝间距或不设变形缝,最大程度的实现混凝土无缝连续施工,具有重大的技术经济意义。

1)超大结构抗裂设计的理论

由前述可知,水平法向应力 σ_{max} 超过混凝土抗拉强度时,在混凝土板中部出现第一条裂缝,一块分成两块,每块板又有自己的水平应力分布,且其图形完全相似,但其最大值由于长度减少了一半而减少,如果该值仍然超过抗拉强度,则形成第二批裂缝,每块板再分成两块,总共四块板三条裂缝。如果持续下去一直到板中部最大水平应力小于或等于抗拉强度,裂缝便稳定,不再增加,因此此类结构的裂缝中部开裂是有规律性的,大量工程裂缝也证明了这一点。

上述裂缝有序过程可参见图 2-8。由于基础的降温或收缩,在基础和地基的接触面上出现剪应力 Γ,在基础中出现水平应力 σ'_x,如图 2-8a)所示;当水平应力 $\sigma'_{max} \geq R_f$ 时,便出现第一次开裂并引起应力重分配,如图 2-8b)所示;由于裂缝后的墙体长度比原墙较少一半,所以 $\sigma''_{max} < \sigma'_{max}$,但仍大于或等于 R_f,所以出现第二次开裂并引起二次应力重分配,如图 2-8c)所示,此时 σ'''_{max} 如能小于 R_f,则开裂便稳定下来。

如果裂缝的位置施加一定的压应力 σ_c,使 $\sigma_{max} - \sigma_c \leq R_f$,即可控制这种有序的开裂。膨胀混凝土就是提供化学预应力的特种混凝土,膨胀混凝土在硬化过程中产生膨胀作用,在钢筋和邻位约束下,钢筋受拉,而混凝土受压,当钢筋拉应力与混凝土压应力平衡时,则:

$$A_c \cdot \sigma_c = A_s \cdot \sigma_s = A_s \cdot E_s \cdot \varepsilon_s \tag{2-17}$$

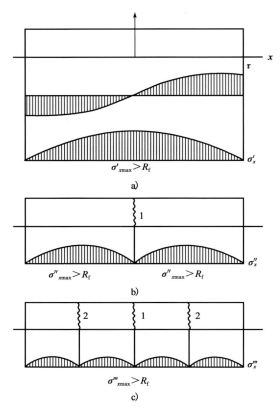

图 2-8 结构裂缝的有序性

假设 $\mu = \dfrac{A_s}{A_c}$，则：

$$\sigma_c = \mu \cdot E_s \cdot \varepsilon_2 \tag{2-18}$$

式中：σ_c——混凝土预压应力，MPa；

A_s——钢筋截面积；

μ——配筋率，%；

A_c——混凝土截面积；

E_s——钢筋弹性模量，MPa；

ε_2——混凝土的限制膨胀率，%。

由式(2-18)可见，σ_c 与 ε_2 成正比关系，而限制膨胀率 ε_2 随膨胀剂掺量增加而增加。所以，我们通过调整膨胀剂掺量，可使混凝土获得不同的预压应力。根据水平法向力 σ_x 分布曲线，在 σ_{max} 地方给予较大的膨胀应力 σ_c，而在两侧给予较小的膨胀应力(图 2-9)，全面地补偿结构的收缩应力，就可以控制有序裂缝的出现。

由此，从理论上引入"膨胀加强带"的概念，膨胀加强带是实现超长结构连续施工而人为采取的措施，是一个"假缝"，加强带的性质是以较大膨胀应力补偿温差、干缩收缩应力集中的地方，这个地方就是施工连接缝或裂缝的位置，在 2～3m 的宽度内采用大膨胀混凝土浇筑，并在此宽度内合理增加一部分附加配筋，提高该部位抵御收缩开裂的能力，改善混凝土的约束状态，以提高混凝土的补偿收缩能力。但在实践中，现场施工条件很难做到和控制"膨胀加强带"的施工工艺，故一般不推荐。

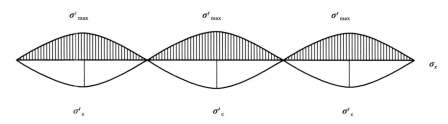

图 2-9　膨胀应力 σ_c 补偿收缩应力 σ_x 示意图

2）超大结构抗裂设计的方案设计

补偿收缩混凝土无缝设计思路是"抗放兼备，以抗为主"。图 2-10 可表达这种无缝设计的原理。

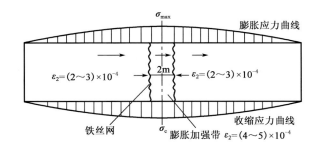

图 2-10　补偿收缩混凝土无缝设计原理图

膨胀混凝土用于超长结构无缝抗裂施工时，其限制膨胀率 ε_2 的设定至关重要。ε_2 偏小，则补偿收缩能力不足，无缝施工难以实现；ε_2 过大，对混凝土强度有明显影响。混凝土膨胀剂掺量与限制膨胀率 ε_2 和强度 R 的关系如图 2-11 所示。

由于不同结构部位的约束程度和收缩应力不同，养护条件的差别会影响混凝土限制膨胀率的发挥，通过大量的试验和工程实践，提出不同结构部位的混凝土膨胀率要求，如表 2-4 所示。

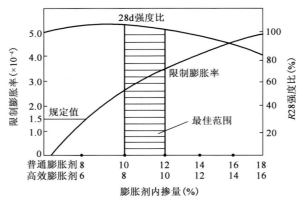

图 2-11　膨胀剂掺量与 ε_2、R 的关系

限制膨胀率的设计取值　　　　　　　　　　表 2-4

适用结构部位	限制膨胀率（×10⁻⁴）
平板结构	2.0～3.0
梁、墙体结构	3.0～4.0
后浇带、膨胀加强带等填充部位	4.0～5.0

由于平板结构的限制条件较弱，养护条件好，固设定膨胀率较低，而梁、墙结构的限制膨胀率取值高于平板结构，难于养护，梁、墙结构的限制膨胀率取值高于平板结构，而后浇带、膨胀加强带位置是收缩应力集中的位置，所以膨胀取值高于梁、墙结构，用大的膨胀来进行补偿。

通过设定 0.02%～0.05% 的混凝土限制膨胀率，在配筋率 $\mu = 0.2\%～0.8\%$ 下，可在结构中建立 0.2～0.7MPa 预压应力，这一预压应力大致可以抵消混凝土在硬化过程中因温度和干缩产生的拉应力，从而防止混凝土收缩开裂，或把裂缝控制在小于 0.1mm 的无害裂缝范围内。

3）施工方法的确定

如图 2-10 所示，为防止开裂可在超长结构中布设补偿收膨胀加强带（后浇带）。膨胀加强带宽为 2～3m，带两侧设密孔铁丝网，并用立筋 $\phi 16～\phi 18@300$ 加固，目的是防止两侧混凝土流入带内。这样就可实现混凝土连续浇筑或称无缝施工。施工时，带外用小膨胀的补偿收缩混凝土浇筑，浇筑到加强带时，改用大膨胀混凝土，其强度等级比两侧高 C5 等级。浇筑到另一侧时，又改为浇筑小膨胀混凝土。如此循环下去，可连续浇筑 500m 超长结构。但在施工实践中，通常会提高混凝土的品质(控制混凝土强度等级,减少水泥用量,降低坍落度等),缩短施工缝间距或每次混凝土灌注量不宜超过300m³。

2.4.4 合理配筋的研究

补偿收缩混凝土主要用于避免或减少混凝土的干燥收缩和温度收缩裂缝,对于抗裂而言,重要的是通过适当的配筋率和配筋方式,充分发挥混凝土的膨胀能,提高抵御有害裂缝的能力。所以有必要研究配筋方式对结构抗裂的影响。

1) 配筋率

混凝土的自应力值 σ 是限制膨胀率 ε 的函数,也是配筋率 μ 的函数,自应力值 σ 随配筋率 μ 的增加而提高。当低配筋时,自由膨胀 ε_f/限制膨胀 $\varepsilon_r \approx 1$,膨胀能有效利用率高;随着配筋率 μ 的增加,自由膨胀 ε_f/限制膨胀 ε_r 迅速升高,膨胀有效利用率降低,在膨胀剂相同掺量下,较低的配筋率,可有效地提高膨胀能使用率,而相同配筋率时,直径较小的钢筋可提供更有效的限制,获得更高的自应力值。因此为了获得有效的限制膨胀率 ε 和必要的自应力值,应寻求适宜的配筋率 μ。

从图2-12中可知,当配筋率 μ 从0.24%增至1.08%时,混凝土限制膨胀率 ε 降低了0.034%,自应力值 σ 增加了0.33MPa;而当配筋率 μ 从1.08%增至1.57%时,混凝土限制膨胀率 ε 变化不大,自应力值 σ 仅依靠配筋率 μ 的增长提高了0.2MPa,有效膨胀能降低。

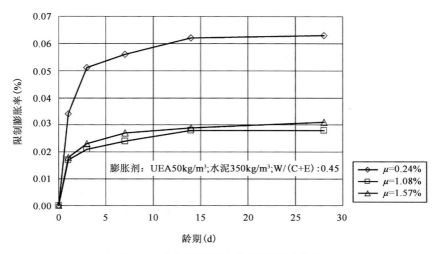

图2-12 配筋率的提高与限制膨胀率的关系

由此,我们认为随着配筋率的提高,限制膨胀率降低,自应力值增大,但达到一定程度时有效膨胀能降低。

从变形的角度考虑,限制膨胀率是补偿混凝土干燥收缩的主要技术参数,配筋率大的混凝土与配筋率小的相比,同样大小的收缩变形会使其转为受拉状态,所以对补偿收缩混凝土而言,较小的配筋率可以获得较大的限制膨胀率,发生同样大小的收缩时,可以保证混凝土仍然处于受压状态,对抵御混凝土收缩开裂比较有利。

2)工程构件膨胀率、试验室试件膨胀率与配筋率的关系

补偿收缩混凝土的任务主要是补偿混凝土浇筑后14d内的自收缩、干燥收缩和冷缩,因这一阶段结构裂缝出现概率最大。结构进入使用阶段后,受到环境温度变化的变形,无论对普通混凝土还是对补偿收缩混凝土来说都是一样的,只能靠温度筋来解决。在实际工程中,钢筋混凝土结构的变形受到许多内在因素和环境因素的影响,很难准确计算出来。所以,目前国内外多采用经验值作为混凝土配合比设计的膨胀指标。

为此研究了在相同的搅拌及养护条件下,用相同混凝土成型的构件和棱柱体试件的膨胀值与配筋率之间的关系,证实补偿收缩混凝土限制膨胀率与配筋率有关。当结构构件的配筋率确定后,可从图2-13中估计出结构构件的膨胀值。图中表示了在相同的搅拌及养护条件下,用相同混凝土成型的构件和棱柱体试件的膨胀值与配筋率之间的关系。棱柱体的膨胀试验按我国《混凝土外加剂应用技术规范》(GB 50119)附录B进行。

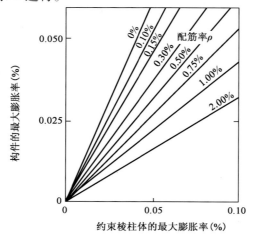

图2-13 工程构件膨胀率、试验室试件膨胀率与配筋率的关系

3）配筋形式

对于无筋的素混凝土而言,膨胀能仅用于体积收缩的补偿与结构的密实增强,而对于有筋的混凝土,则可以用于张拉钢筋,产生预压应力,哪个方向的配筋率高哪个方向的钢筋就能获得高的自应力值。所以,超长结构的抗裂效果不仅与配筋率有关,还与配筋方式有着至关重要的关系。

从图2-14中可以看出:当对单向配筋试体配入环向箍筋时,削弱了侧向的自由膨胀,增大了纵向的自应力值,与环向配筋率为零的空白试体相比,7d、14d的自应力值均有提高;但当环向配筋率 μ 超过为0.84%时,这种增益变小。

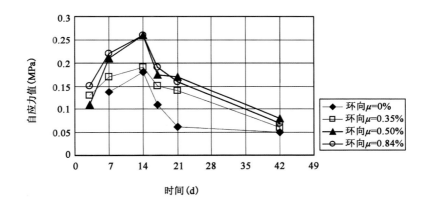

图2-14 配筋形式对膨胀率的影响

由此得出:补偿收缩混凝土构造筋的配筋率 μ 在0.40%~0.60%之间是适宜的。

4）钢筋间距

在抗裂计算中,混凝土的极限延伸率可采用下式计算:

$$\varepsilon_p = 0.5 \cdot R_f \cdot (1 + \frac{\mu}{d}) \times 10^{-4} \quad (2\text{-}19)$$

式中:ε_p——混凝土极限延伸率,$\times 10^{-4}$;

R_f——混凝土的抗拉强度,MPa;

μ——配筋率,$\times 100$;

d——钢筋直径,cm;

徐变产生应力松弛,有利于提高混凝土的极限拉伸能力,在计算混凝土的抗裂性时,可把徐变考虑进去,一般情况下,偏于安全考虑取混凝土的松弛系数为 0.5,即混凝土的极限拉伸率在考虑徐变的情况下增加 50%,得出:

$$\varepsilon_p = 0.5 \cdot R_f \cdot \left(1 + \frac{\mu}{d}\right) \times (1 + 0.5) \times 10^{-4} \qquad (2-20)$$

式(2-20)可以看出:混凝土的极限拉伸率 ε_p 与抗拉强度 R_f 和配筋率 μ 成正比,与钢筋直径 d 成反比。表 2-5 为相同强度等级的 C30 混凝土在相同配筋率时,不同钢筋直径、间距对极限拉伸率的影响。

从表 2-5 中可知:钢筋直径从 16mm 改为 14mm,间距从 200mm 减小至 150mm,二者的配筋率相同,但由于采用细密的原则配筋,混凝土极限拉伸率增加 5%,同时,由于细密配筋,对有效约束膨胀和分散收缩应力有利,可有效提高混凝土抗裂能力。

配筋率对极限拉伸率 ε_p 的影响　　　　表 2-5

混凝土等级	抗拉强度 R_f（MPa）	配筋率 μ（%）	配筋方式	钢筋直径（mm）	钢筋间距（mm）	极限拉伸值（×10^{-4}）
C30	2.0	0.67	双层	16	200	2.13
C30	2.0	0.67	双层	14	150	2.23

5）配筋设置的原则

通过适当的配筋率和配筋方式,以充分发挥混凝土的膨胀能,提高混凝土极限延伸率为目的,研究了配筋率和配筋方式对抗裂能力的影响。通过研究,我们得出配筋设置的原则。

（1）配筋量与配筋位置

为了补偿收缩,需要有一种弹性约束,例如内部配筋所形成的约束。考虑普通混凝土的温度及收缩应力时,要求最小配筋率不低于 0.015%,对于补偿收缩混凝土,为了加强和利用约束膨胀,配筋率应有所提高。由于不同结构部位的混凝土收缩值不同,经过研究,提出比较科学合理的全截面最小配筋率要求,如表 2-6 所示。

不同结构部位的最小配筋率　　　　表 2-6

结构部位	最小配筋率(%)	布筋方式	钢筋间距(mm)
底板	0.30	双层、双向	150~200
楼板、顶板	0.30	双层、双向	100~200
墙体、水平筋	0.40	双排	100~150

在结构设计中,配筋位置按设计要求决定,对膨胀混凝土而言均衡配筋可以保证在需要补偿收缩的部位产生均匀有效的膨胀,为了更好地约束膨胀,应在全截面采用双层、双向布筋方式。在同样含钢量下,采用细而密的配筋更有利于膨胀压应力的建立,尤其易裂的墙体,水平钢筋间距宜为100~150mm。

(2)附加钢筋

①墙体高度的水平中线部上下500mm范围内,水平筋的间距宜不大于100mm。

②梁两侧腰筋的间距不宜大于200mm。

③对于大型结构,宜在垂直于膨胀加强带方向增设附加钢筋,其附加筋直径不大于10mm,长度为"带宽+1000mm"。

④墙柱、墙墙相交部位,应考虑到与之相交柱、墙对墙身水平筋配筋的影响。相邻部位增设直径为8~10mm的水平钢筋,长1500mm,插入柱及相临墙内部分不低于150mm,其余部分插入墙内,增加量为原同向钢筋配筋率的10%~15%。

⑤与周围梁、柱、墙等构件整体浇筑且受约束较强的楼板,应增设温度钢筋。

⑥结构开口的出入口位置、结构截面变化处、构造复杂的突出部位、楼板预留孔洞、高程不同的相邻构件连接处等宜提高钢筋配置水平。

2.5 超大体量混凝土结构材料抗裂技术的研究

2.5.1 控制混凝土水化热的研究

水泥混凝土在硬化过程中,由于胶凝材料的水化反应而产生大量的水化热,使混凝土的内部温度迅速升高,而混凝土的热传导性能较低,当混凝土体积较大时,混凝土内部近似为绝热状态,热量散发很慢,使混凝土内外形成明显的温差,从而导致混凝土内外层变形不一致,产生温度应力。当温度应力超过混凝土的抗拉极限时,就会产生裂缝,对混凝土的整体性、耐久性乃至安全性造成不良影响。

大型深埋钢筋混凝土主体结构体积大,由水化热导致的温度变形和应力积聚比常规工民建结构大得多,更容易引起裂缝,所以控制混凝土温度收缩应力十分重要。

本章以水泥化学为基础,通过多元矿物外加剂匹配,形成多元胶凝材料复合体系,减少胶凝材料水化热,降低混凝土水化温升值,改变混凝土温度变化特征,减少混凝土水化温差 T_1,为降低混凝土综合温差奠定基础。

1)水化热的研究

试验采用直接法测定了胶凝材料的水化热,研究矿物外加剂对42.5普通硅酸盐水泥水化热的放热速率和放热量影响,寻求基于最低水泥放热速率和放热量的复合胶凝材料组成。

(1)粉煤灰对水化热的影响

粉煤灰是混凝土最常使用的矿物外加剂,研究中采用42.5MPa普通硅酸盐水泥研究不同粉煤灰掺量对水泥水化热影响,试验结果见表2-7和图2-15。

粉煤灰对水泥水化热影响　　　　　表2-7

编号	粉煤灰掺量(%)	水化热(kJ/kg)			
		1d	3d	5d	7d
1	0	162	228	252	261
2	30	125	198	225	244
3	50	102	158	178	195
4	70	72	109	120	128

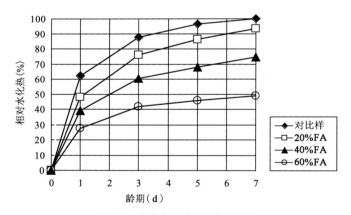

图2-15　粉煤灰对水泥水化热影响

试验数据表明:掺入粉煤灰后,各龄期水化热绝对值均有一定程度下降,早期水化放热速率减慢,表现为在1d时水化热占7d龄期水化热的比例较纯水泥浆对应比值有所下降。水化热随粉煤灰掺量的增大而降低,粉煤灰掺量在0~70%之间变化时,水化热降低率在0~50%之间变化,并且随着粉煤灰掺量的增加,水化热逐步降低。

（2）磨细矿渣对水化热的影响

采用 42.5MPa 普通硅酸盐水泥研究 0~70% 的磨细矿渣掺量对水泥水化热影响，磨细矿渣比表面为 400kg/m³，试验结果见表 2-8 和图 2-16。

磨细矿渣对水泥水化热影响　　　　　表 2-8

编　号	矿渣粉掺量（%）	水化热（kJ/kg）			
		1d	3d	5d	7d
1	0	162	228	252	261
5	30	143	202	225	235
6	50	112	181	207	220
7	70	67	134	161	171

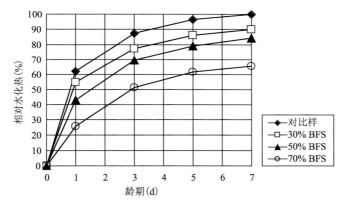

图 2-16　磨细矿渣对水泥水化热影响

从表 2-8 和图 2-16 可以看出，与粉煤灰类似，掺入磨细矿渣后，水泥水化热绝对值和早期水泥水化放热速率减慢，水化热随矿渣掺量的增大而降低，但减低幅度低于粉煤灰，当矿渣掺量在 0~70% 之间变化时，水化热降低率在 0~35% 之间变化，这与磨细矿渣的活性高于粉煤灰有关。

（3）硅灰对水化热的影响

硅灰对水泥水化热的影响见表 2-9，水化热的发展趋势如图 2-17 所示。

硅灰对水泥水化热影响　　　　　表 2-9

编　号	硅灰掺量（%）	水化热（kJ/kg）			
		1d	3d	5d	7d
1	0	162	228	252	261
8	10	177	240	267	288

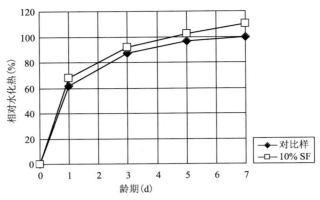

图 2-17 硅灰对水泥水化热影响

从表2-9和图2-17可以看出,掺入10%硅灰后,水泥水化热增加10%,水化放热速率加快,水化热随矿渣掺量的增大而降低。这与硅灰的高活性有关,从降低水化热的角度来看,加入硅灰是不利的。

(4)膨胀剂对水化热的影响

混凝土膨胀剂是建筑工程裂渗控制常用的矿物外加剂,本文研究了单掺膨胀剂、复合掺加粉煤灰、磨细矿渣对水泥水化放热速率和放热量的影响,与未掺矿物外加剂的空白样相比,其相对水化热发展趋势见图2-18。

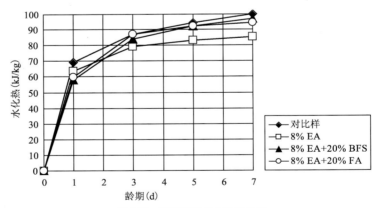

图 2-18 膨胀剂对水化热的影响

单掺膨胀剂降低了各龄期水化热绝对值,水化放热速率加快;双掺膨胀剂与粉煤灰、矿粉,体系总的水化热和早期水化热相应降低,对控制早期的水化热和温度裂缝控制无疑是有好处的。

2)混凝土水化温升的研究

前面研究了矿物外加剂对胶凝材料水化热的影响,寻求基于最低水泥放热速率和放热量的高性能复合胶凝材料组成。下面采用半绝热温升法研究多元矿物外加剂对混凝土水化温升的影响,混凝土配合比见表2-10。

混凝土配合比　　　　　表2-10

编号	每立方米混凝土材料用量(kg/m³)								减水剂	水胶比	坍落度 (mm)
	水泥 C	水 W	砂 S	石 G	矿物外加剂						
					FA	BFS	HCSA	ZY			
1	486	175	698	1046	—				13.6	0.38	260
2	389	175	698	1046	97				13.6	0.38	260
3	292	175	698	1046	194				13.6	0.38	250
4	340	175	698	1046	—	146			13.6	0.38	235
5	243	175	698	1046		243			13.6	0.38	225
6	146	175	698	1046		340			13.6	0.38	225
7	446	175	698	1046			40		13.6	0.38	235
8	446	175	616	1094			—	40	13.6	0.38	240
9	203	175	616	1094	97	146	40	—	13.6	0.38	240

(1)粉煤灰对混凝土水化温升的影响

粉煤灰对混凝土水化温升的影响结果见图2-19和表2-11。图2-19显示:掺入20%粉煤灰后,混凝土水化温峰由56℃降至43℃,温峰出现时间由原来的27h延长至44h,温峰持续时间延长了8倍,升温、降温由原来尖锐曲线转为平缓,随着粉煤灰掺量的提高,其相应的水化绝对温升进一步下降至40℃,温峰出现时间延长48h,升温、降温更趋于平缓,通过掺加粉煤灰,可有效降低混凝土水化放热,使混凝土温升值降低23%~27%。

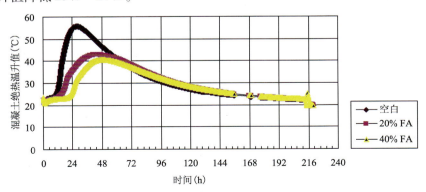

图2-19　粉煤灰对混凝土水化温升的影响

矿物外加剂对混凝土水化温升的影响　　　　　表 2-11

编号	胶凝材料体系	温升值（℃）	最高温峰出现时间（h）	温峰持续时间（h）	升温速度（℃/h）	降温速度（℃/h）	温升值降低率（%）
1	空白	55.9	27	2	1.24	0.19	—
2	20% FA	43.1	44	12	0.51	0.13	22.9
3	40% FA	40.6	48	16	0.38	0.11	27.4
4	30% BFS	45.7	47	11	0.62	0.14	18.2
5	50% BFS	40.2	54	14	0.43	0.12	28.1
6	70% BFS	33.4	64	18	0.24	0.09	40.3
7	8% HCSA	50.9	34	4	1.1	0.18	8.9
8	8% ZY	49.8	34	3	1.0	0.19	10.9
9	多元体系	38.6	48	14	0.48	0.12	30.9

由于粉煤灰自身具有潜在的胶凝活性，可以通过使用粉煤灰替代部分水泥，由计算可知，每减少 10kg 水泥，可降低混凝土水化温升约 1.5℃，在保证混凝土强度的前提下，粉煤灰的"物理稀释"作用可大幅度降低水化温升的绝对值。

在混凝土硬化过程中，水泥水化反应在先，生成大量的水化产物，而粉煤灰或磨细矿渣矿物外加剂在水泥水化产物 $Ca(OH)_2$ 的作用下，发生"二次水化反应"生成水化产物 C-S-H 凝胶，二次产生热量，由此在混凝土开始降温的同时，持续补充热量，形成持续的温峰，缓慢地降温。由前述可知，缓慢的降温对提高混凝土极限延伸率具有重要的意义，这一点对于提高混凝土抗裂性也具有重要意义。

（2）磨细矿粉对混凝土水化温升的影响

磨细矿粉对混凝土水化温升的影响见图 2-20 和表 2-11。从图 2-20 和表 2-11 可以看出：掺入磨细矿渣粉后，混凝土水化温峰降低，温峰出现时间推迟，温峰持续时间延长，升温、降温速度延缓，尤其是 48～120h 这一降温最激烈的区段，延缓降温的效果最明显。磨细矿粉对混凝土水化温升的改善效果与掺量成比例关系，在高掺量下，最终水化绝对温升值可降至 33℃，温峰出现时间延长至 64h，降温速率低于 0.1℃/h，升温、降温更趋于平缓。从降低水化温升值和改善升温、降温速率的角度来看，磨细矿渣粉效果略逊于粉煤灰。30%、50%、70% 的磨细矿渣粉降低混凝土温升值分别为 18.2%、28.1% 和 40.1%。

磨细矿粉对混凝土水化温升的改善源于"物理稀释作用"和火山灰的"二次反应"机理,磨细矿渣粉效果低于粉煤灰的原因是由于磨细矿粉的火山灰活性高于粉煤灰。

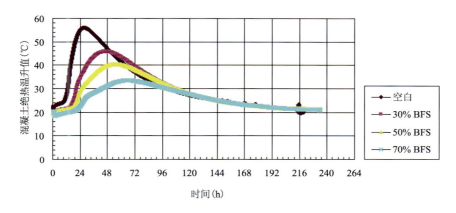

图 2-20　磨细矿粉对混凝土水化温升的影响

（3）膨胀剂对混凝土水化温升的影响

图 2-21 为掺不同膨胀剂混凝土的水化温升、散热曲线,从图 2-21 并没有看到膨胀剂增加了混凝土水化温度的情况,相反,掺入双膨胀源的 HCSA 膨胀剂和铝酸钙类的膨胀剂 ZY 后,混凝土水化温峰由 56℃降至 50℃左右,降低幅度约为 10%,温峰出现时间延长了 6h,温峰持续时间改变不多,升温、降温速度没有改善,升温、降温曲线与空白混凝土极其相似。

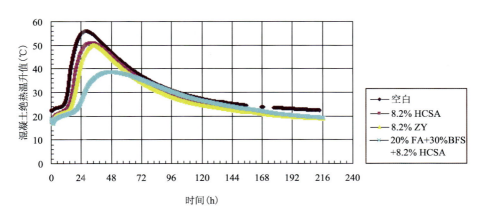

图 2-21　膨胀剂对混凝土水化温升的影响

因此,我们可以得出这样的结论:膨胀剂可降低混凝土水化温升值,但不能改善混凝土的升温、降温速率。这个结论消除了对社会上有些人所宣传的膨胀剂能大幅度提高混凝土水化热,增加混凝土温度控制难度的担心。

膨胀剂掺入混凝土可产生有益的微膨胀,在限制作用下产生 0.2~0.7MPa 的化学预应力,能有效防止混凝土的开裂,同时可以降低混凝土的水化温升,但不能改善混凝土的升温、降温特征。通过膨胀剂与粉煤灰、磨细矿渣粉复合使用,是否能够实现降低水化温升值,改善混凝土升降温速度呢?

掺加 20% 粉煤灰、30% 磨细矿渣粉和 8.2% HCSA 复合胶凝材料体系对混凝土水化温升的影响见图 2-21 和表 2-11。

从研究结果看,多元胶凝材料体系的混凝土水化温峰为 38.6℃,仅次于掺入 70% 磨细矿渣粉的效果,水化温升值降低 31%。温峰出现时间延长了 10h,温峰持续时间增加至 14h,升温、降温速度延缓,尤其是 48~120h 这一区段,延缓降温的效果最明显。

(4) 化学外加剂、矿物外加剂多元复合体系对混凝土水化温升的影响

通过调整化学外加剂的缓凝组分和矿物外加剂的比例,设计了如表 2-12 所示的 C40 混凝土配合比,混凝土验收强度采用 60d,混凝土的物理力学性能见表 2-13,混凝土水化温升曲线见图 2-22。

试验混凝土配合比(kg/m^3)　　　　表 2-12

编号	水胶比	砂率	混凝土配合比								
			水泥	水	细砂	机制砂	细石	中碎石	粉煤灰	矿渣粉	HCSA	外加剂
1	0.36	41%	214	173	223	521	214	858	95	128	41	9.1
2	0.40	42%	197	171	237	551	218	872	83	102	41	7.6
3	0.41	40%	170	170	220	513	220	880	113	96	40	8.4

混凝土强度和配合比试验结果　　　　表 2-13

编号	凝结时间(h)		抗压强度(MPa)					限制膨胀率(%)	
	初凝	终凝	3d	7d	28d	60d	90d	水中 14d	干空
1	18	24	25.1	37.0	56.7	64.7	—	0.047	0.026
2	20	24	19.6	33.9	52.8	59.2	—	0.054	0.034
3	31	48	7.7	22.2	46.3	50.5	55.3	0.051	0.031

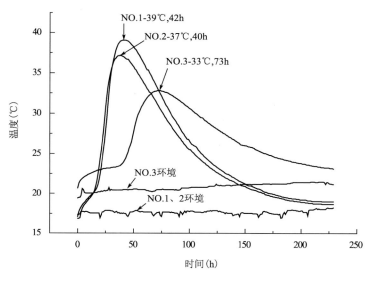

图 2-22　不同配合比混凝土温升曲线

从试验结果可以看出,通过降低水泥用量,加大粉煤灰的掺量,调整磨细矿渣粉的掺量,加大化学外加剂的缓凝时间,3 号配比的混凝土凝结时间为 48h,虽然 3 号的入模温度和环境温度比 1 号和 2 号高约 5℃,但峰值温度最低(33℃),温峰出现的时间也晚(72h),其升温、降温速率明显低于 1 号和 2 号配比。1 号、2 号和 3 号的 60d 抗压强度分别是设计强度标准值的 162%、148% 和 126%,混凝土限制膨胀率为 0.05%,通过化学外加剂和矿物外加剂的多元复合技术,构建了低水化热、降温缓慢且大膨胀的混凝土,大幅度增加了抵御混凝土温度应力的能力。

从以上试验结果可以看出:胶凝材料中随不同矿物外加剂的掺入,其相应的水化绝对温升均明显下降,温峰出现时间均延长;当采用多元胶凝材料体系时,水化绝对温升进一步下降,温峰出现时间进一步延长。

通过膨胀剂、磨细矿渣粉、粉煤灰等不同活性的矿物外加剂复合使用,大大降低了水泥混凝土的水化放热,延迟了混凝土水化时间,降低了混凝土升降温速度,有效地提高了混凝土极限延伸率,同时在混凝土内部形成的膨胀应力又可以在一定程度上补偿混凝土的冷缩,从而形成"抗放兼施"的低热微膨胀多元胶凝材料体系。

2.5.2 控制混凝土收缩应力的研究

收缩并不是混凝土产生裂缝的充分条件,自由状态下的收缩不会产生裂缝。自由变形不能准确反映混凝土材料在结构中的真实情况,它只能反映特定温度和湿度条件下混凝土的干燥收缩变化趋势,然而工程上的混凝土构件大多处于绝对的约束条件下,局部的收缩趋势与宏观体积稳定的矛盾最终导致混凝土内部产生巨大拉应力,当拉应力达到或接近混凝土抗拉能力的极限时,混凝土内部产生裂缝的风险就会大大增加。

本节采用内约束收缩应力方法研究了混凝土收缩应力的影响因素,提出了降低收缩应力的措施,为大型深埋客站主体结构降低收缩当量温度 T_2 提供了材料手段。

1) 混凝土强度对收缩应力的影响

混凝土强度对收缩应力的影响采用表 2-14 所示的 1~4 号配合比,混凝土强度性能详见表 2-15。混凝土限制收缩装置中约束钢筋直径为 10mm,约束钢筋的直径与配筋率的关系见表 2-16。

混凝土配合比　　　　　　表 2-14

编号	每立方米混凝土材料用量(kg/m³)							减水剂 BMRH	水胶比	坍落度 (mm)
	水泥 C	水 W	砂 S	石 G	矿物掺合料 E					
					FA	BFS	SF			
1	309	170	884	1037	—	—	—	6.2	0.56	150
2	378	170	815	1037	—	—	—	8.3	0.46	200
3	486	170	698	1046	—	—	—	13.6	0.37	195
4	536	150	705	1059	—	—	—	32.2	0.32	170
5	389	167	698	1046	97	—	—	13.6	0.35	210
6	292	167	698	1046	194	—	—	13.6	0.35	195
7	340	170	698	1046	—	146	—	13.6	0.35	235
8	243	165	698	1046	—	243	—	13.6	0.34	225
9	146	170	698	1046	—	340	—	13.6	0.35	225
10	462	167	698	1046	—	—	24	13.6	0.35	220
11	530	160	616	1094	—	—	—	0	0.30	0
12	530	160	616	1094	—	—	—	10.6	0.30	90
13	530	160	616	1094	—	—	—	21.2	0.30	160
14	530	160	616	1094	—	—	—	23.85	0.30	225

混凝土抗压强度试验结果　　表 2-15

编号	抗压强度 $f_{cu,k}$ (MPa)						
	3d	7d	14d	28d	60d	90d	180d
1	23.5	36.5	42.8	45.2	48.1	—	48.2
2	34.5	51.9	57.0	61.1	63.3	—	65.9
3	38.8	54.8	63.3	67.1	68.7	—	71.6
4	55.4	67.1	70.8	75.1	80.8	—	82.0
5	41.8	53.5	58.3	68.4	70.7	73.2	74.7
6	28.0	43.3	52.6	59.9	64.0	66.8	68.1
7	32.3	52.6	60.8	65.2	66.2	69.0	69.8
8	40.9	55.1	62.7	72.2	74.1	76.3	77.0
9	21.6	41.6	51.3	55.7	61.1	63.1	64.0
10	40.0	58.3	67.8	77.0	78.2	79.5	80.1
11	—	52.6	—	63.3	—	—	—
12		63.3		72.2			
13		68.6		76.0			
14		61.8		73.8			

混凝土限制膨胀收缩装置中约束钢筋的直径与配筋率的关系　　表 2-16

钢筋的直径(mm)	配筋率(%)	钢筋的直径(mm)	配筋率(%)
10	0.79	22	3.95
16	2.05	28	6.56

图 2-23、图 2-24 是不同水灰比对收缩应力的影响,从图中可以看出:混凝土在相同限制程度(配筋率为 0.79%)下,收缩应力随着水泥用量增加、水灰比降低而增大,这个趋势在龄期 56d 之前非常显著。

在相同限制程度下,由于增加水泥用量,降低水胶比后,混凝土强度提高,其弹性模量 E_h 也提高,而收缩应力 $\sigma = E_h \varepsilon$,所以即使收缩率 ε 相同,σ 也会增加,也就是说,单方用水量相同时,强度高的混凝土,干燥收缩应力大。不仅如此,收缩应力还随水胶比降低、强度提高,早期呈现增大的趋势。从图 2-23 可以看出,与 180d 的收缩应力相比,7d 时,$W/C = 0.56$ 时为 23%,$W/C = 0.47$ 时为 37%,$W/C = 0.37$ 时为 46%,$W/C = 0.32$ 时为 54%,说明高强混凝土早期收缩应力比大,更容易产生早期裂缝。

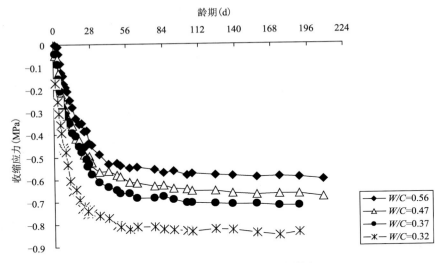

图 2-23　不同水灰比对收缩应力的影响

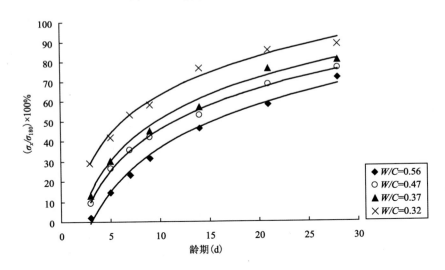

图 2-24　不同水灰比对收缩应力早期发展的影响

2）限制程度对对收缩应力的影响

采用表 2-14 中 3 号混凝土配比研究了不同配筋率对收缩应力的影响，混凝土限制收缩装置中约束钢筋直径分别为 10mm、16mm、22mm、28mm，约束钢筋的直径与配筋率的关系见表 2-16。

图 2-25 是混凝土限制程度与收缩应力的关系，图中显示，收缩应力随着限制程度提高而明显增大，配筋率为 2.05%、3.95% 和 6.56% 的收缩应力分别是配筋

率为 0.79% 的 1.9 倍、2.9 倍和 3.6 倍,配筋率对收缩应力的影响远超过水灰比的影响。由此很容易解释强约束的墙体结构容易开裂的原因。

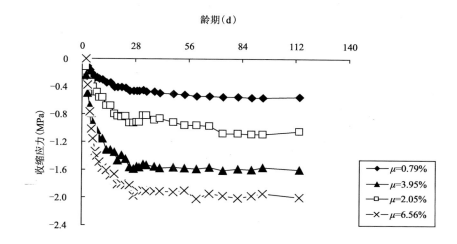

图 2-25 限制程度对收缩应力的影响

通过试验表明,限制程度是影响混凝土收缩开裂的最重要因素之一。

3) 混凝土流动度对收缩应力的影响

采用表 2-14 中 11~14 号混凝土配比研究了不同流动度对收缩应力的影响,通过固定加水量,添加不同掺量的高效减水剂,形成不同坍落度的混凝土,测试其收缩应力的变化。混凝土抗压强度见表 2-15。混凝土限制收缩装置中约束钢筋直径为 10mm,配筋率为 0.79%。

相同水灰比、不同坍落度的混凝土的收缩应力曲线如图 2-26 所示,通过分析可知:坍落度增加导致混凝土收缩应力增加,早期收缩应力曲线趋于一致,没有太大差别,后期大坍落度混凝土收缩应力提高 10%~15%,这与减水剂增大收缩有关。

4) 矿物外加剂对收缩应力的影响

采用表 2-14 中 5~10 号混凝土配比研究了不同矿物掺和料及掺量对收缩应力的影响,混凝土限制收缩装置中约束钢筋直径为 10mm,配筋率为 0.79%。

(1) 粉煤灰

按照表 2-14 中 5 号、6 号混凝土配比,研究了粉煤灰对收缩应力的影响,试验结果见图 2-27。

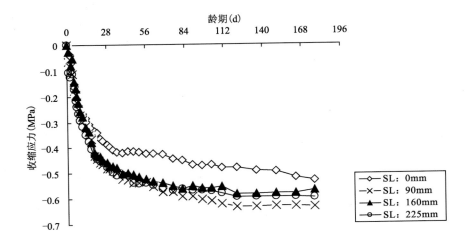

图2-26　混凝土流动度对收缩应力的影响

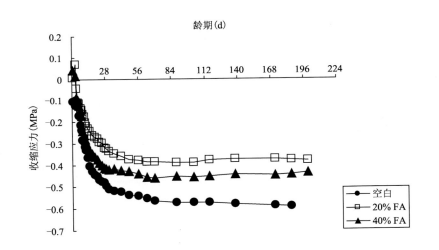

图2-27　粉煤灰对收缩应力的影响

从图2-27可以看出：混凝土中无论掺入20%还是40%的粉煤灰，其收缩应力均明显小于空白混凝土，下降幅度在25%~35%之间，而且收缩应力的发展速度减慢，减小了早期收缩应力。

研究表明，粉煤灰有减小收缩的作用，而且粉煤灰有延迟水化的作用，混凝土强度和弹性模量发展较慢，同时具有较大的徐变能力，由此减慢了收缩应力的发展,减小了早期、后期的收缩应力。

（2）磨细矿渣

按照表2-14中7~9号混凝土配比,研究了磨细矿渣对收缩应力的影响。图2-28的结果显示:磨细矿渣在掺量为30%时,加剧了混凝土的早期收缩,后期收缩应力于空白基本一致,而掺量为50%与70%时,混凝土早期、后期的收缩应力均得到改善,改善率分别为30%和50%。这主要与高掺量磨细矿渣的"降缩"作用有关,同时混凝土中掺入大量中等细度的矿渣造成强度和弹性模量发展缓慢,对减小收缩应力也有帮助。因此,30%磨细矿粉掺量的混凝土的开裂风险大于50%和70%掺量的混凝土。

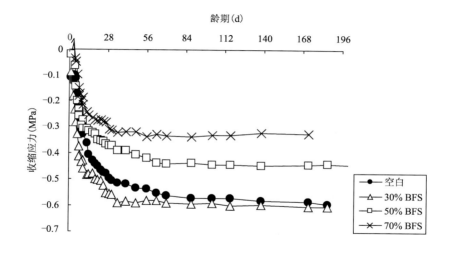

图2-28　磨细矿渣对收缩应力的影响

（3）硅灰

按照表2-14中10号混凝土配比,研究了硅灰对收缩应力的影响。试验结果见图2-29。硅灰的早期和最终收缩应力均明显高于空白混凝土,增加了15%左右,这是因为硅灰混凝土的自收缩和干燥收缩均显著增长,掺硅灰混凝土硬化较快,弹性模量增长快,因此产生较大的收缩应力。由此可知,硅灰混凝土开裂风险很大。

根据混凝土收缩应力的大小,得出混凝土抗裂能力为:70% BFS > 20% FA > 50% BFS > 40% FA > 空白 > 30% BFS > 7% SF。

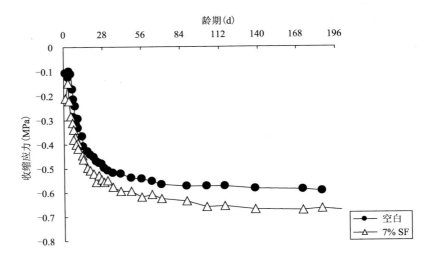

图 2-29 硅灰对收缩应力的影响

2.5.3 有效补偿混凝土收缩应力的研究

膨胀剂配制的补偿收缩混凝土在水化硬化过程中生成膨胀性钙矾石（$C_3A \cdot CaSO_4 \cdot 32H_2O$）和氢氧化钙（$Ca(OH)_2$），使混凝土产生适度的体积膨胀，在钢筋及邻位限制状态下可使混凝土内部产生 0.2~0.7MPa 的预压应力，具有补偿收缩功能。膨胀剂及膨胀混凝土是解决混凝土材料裂缝的最有效技术途径之一。

在吴中伟院士的补偿收缩混凝土理论的指导下，我国混凝土膨胀剂开发应用已有 20 多年历史，取得了很大成绩。但是现有的膨胀剂大都是用煅烧高岭土、高铝煤矸石、明矾石、无水硫铝酸钙或铝酸钙熟料与石膏配制，存在膨胀速率慢、膨胀能低的问题。由于现代混凝土具有早期强度高、脆性大、应力松弛能力差的特点，因此存在膨胀与强度发展不协调的矛盾，导致补偿收缩能力不足。所以迫切需要发展高性能的膨胀剂，研究有效补偿收缩能力，解决混凝土裂缝问题。

HCSA 是中国建筑材料科学研究总院针对现代混凝土特点研发的新型混凝土膨胀剂，本章对 HCSA 的水化膨胀机理、膨胀速度和膨胀能的调控方法以及提高有效膨胀的技术途径进行了研究，从而为大型深埋客站主体结构提供稳定的膨胀当量温度 T_3。

1）水化膨胀机理的研究

HCSA 的主要晶体矿物成分是无水硫铝酸钙（$C_4A_3\bar{S}$）、硫酸钙（$CaSO_4$）和石灰（CaO）。在掺加 $C_4A_3\bar{S}$-$CaSO_4$-CaO 体系膨胀剂的胶凝材料体系中，发生表 2-17 所示的化学反应。

HCSA 化学反应　　　　　　　表 2-17

膨胀源	化学反应式	固相体积增加(%)
早期氢氧化钙	$CaO + H_2O \rightarrow Ca(OH)_2$	97
后期钙矾石	$C_4A_3\bar{S} + 8CaSO_4 \cdot 2H_2O + 6Ca(OH)_2 + 90H_2O \rightarrow 3(C_3A \cdot 3CaSO_4 \cdot 32H_2O)$	113
最终钙矾石	$C_4A_3\bar{S} + 8CaSO_4 \cdot 2H_2O + 6CaO + 96H_2O \rightarrow 3(C_3A \cdot 3CaSO_4 \cdot 32H_2O)$	210

CaO 水化的水化速度要比无水硫铝酸钙（$C_4A_3\bar{S}$）快，产生的水化产物 $Ca(OH)_2$ 使固相体积增大 97%，不仅提供了早期膨胀驱动力，而且由于提高了水泥浆体中液相 CaO 浓度，进一步促进了钙矾石的形成，即加快了钙矾石的形成步伐，使膨胀稳定期提前，可以认为在膨胀初期 CaO 是主要膨胀动力源，后期以钙矾石为主，完全水化后固相体积增加率为 210%。

图 2-30 的 XRD 结果表明，含有 CaO 的膨胀剂 3d 的水化产物中 $Ca(OH)_2$ 特征峰非常显著，钙矾石峰相对较弱，存在未水化的 $CaSO_4$、C_2S 等矿物，继续水化至 28d，晶体性水化产物中基本上都是钙矾石，观察不到 $Ca(OH)_2$。说明 $Ca(OH)_2$ 在完成早期膨胀后，进一步与 $CaSO_4$ 反应，形成钙矾石继续膨胀。这说明，在掺 HCSA 的水泥水化产物中，仅生成了较多的 AFt，而没有其他新晶体水化物生成，属于硅酸盐水泥水化体系，可以判断 AFt 是最终膨胀动力源。

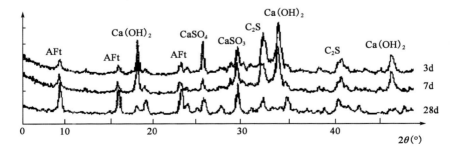

图 2-30　膨胀剂水化 XRD 结果

图 2-31 是内掺 10% HCSA 膨胀剂水泥的 SEM 照片,结果显示 3d 的水化产物中有形貌完好的 $Ca(OH)_2$ 晶体,钙矾石晶体则非常细小,这也进一步印证了在 $C_4A_3\bar{S}$-$CaSO_4$-CaO 体系中,CaO 是早期膨胀的主要动力源。

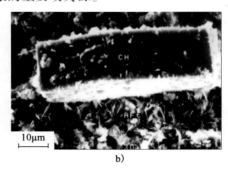

图 2-31　掺含 CaO 膨胀剂水泥水化 SEM 照片(膨胀剂掺量 10%)

2)膨胀速度和膨胀能的调控方法

(1)化学调控机理

将石灰石、二水石膏和一级矾土按一定比例配料,在 1350℃ 条件下烧成,得到所需的主要含 $C_4A_3\bar{S}$ 和 $CaSO_4$ 矿物的熟料,在此熟料中引入不同比例的经特殊烧制的 CaO 共同粉磨至比表面积为 $300\sim350m^2/kg$,进行性能试验,用于混凝土试验的膨胀剂 A 不含 CaO,膨胀剂 B 中含 25% CaO。

图 2-32 的试验结果显示了在膨胀剂中引入不同量的 CaO 时膨胀剂早期的膨胀特点,从图中结果可以看出,随着 CaO 含量的增加,限制膨胀率显著增大,尤其是在龄期为 1~3d 时,非常明显。图 2-33 是 CaO 含量为 0% 和 25% 的膨胀剂长期限制膨胀率的比较,结果显示最终的限制膨胀率相差约 6%,远比早期的差别要小,说明两种膨胀剂的总膨胀能大体相当,只是在膨胀速率方面存在较大差异,含有 CaO 的膨胀快,膨胀稳定期短,不含 CaO 的膨胀慢,膨胀稳定期相对较长。

通过对矿物相比例的调整,可以实现对膨胀速率、膨胀能调控设计的目的。

(2)物理调控机理

将粉磨好的膨胀剂 B 过 1.25mm 筛,采用风选法选取不同细度的样品,测试其比表面积和颗粒级配,结果见表 2-18。

按照混凝土膨胀剂标准进行膨胀率试验,膨胀剂内掺 8%,试验砂浆配合比,限制膨胀率试验,(水泥+膨胀剂)∶标准砂∶水=(0.92+0.08)∶2∶0.40,养护方式为水中养护。

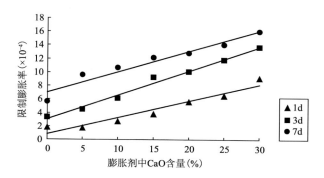

图 2-32　CaO 含量与早期膨胀的关系

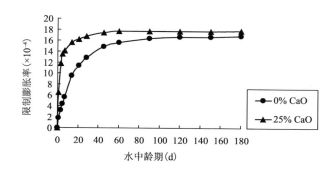

图 2-33　膨胀剂长期限制膨胀率比较

比表面积和激光粒度分析试验结果　　　　表 2-18

编　号	透气法比表面积 (cm^2/g)	颗粒组成百分数（%）				
		<10μm	10~33μm	30~60μm	60~107μm	>107μm
$S=1014$	1014	10.21	22.63	28.63	1.95	36.58
$S=1664$	1664	21.60	16.48	38.20	21.22	2.50
$S=1684$	1684	22.15	47.03	20.92	8.67	1.23
$S=3740$	3740	45.34	23.44	24.97	5.99	0.26
$S=5025$	5025	51.27	25.68	20.11	2.79	0.15

图 2-34、图 2-35 是限制膨胀率试验结果，随着膨胀剂比表面积增大，膨胀率呈现降低的趋势。龄期 4d 之后，限制膨胀率基本趋于稳定，与 7d 的限制膨胀率相比，其发展比率达到 90% 以上。如果以 7d 龄期限制膨胀率最大的 $S=1014$ 为 100% 计，则较细的 $S=5025$ 仅为 20.77%，不掺膨胀剂的空白试体的湿胀约为 4.83%，比表面积相当的 $S=1664$ 和 $S=1684$ 由于颗粒级配的差别，限制膨胀率相差约 7.7%，当比表面积达到 $3740cm^2/g$ 后，龄期 7d 的限制膨胀率显著降低。

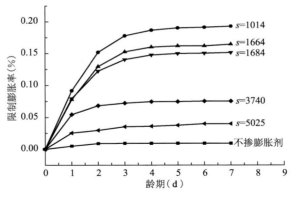

图 2-34　限制膨胀率值

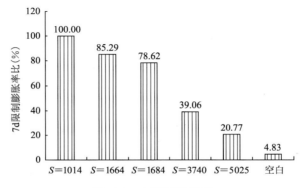

图 2-35　7d 的限制膨胀率

从图 2-34 和图 2-35 中可以看出，膨胀剂中大于 $100\mu m$ 的颗粒对减缓早期膨胀速率有一定的作用，细的膨胀剂呈现早期膨胀快的趋势。

膨胀混凝土的有效膨胀，不仅取决于膨胀剂本身的性质，还取决于基材强度的发展，也就是常说的膨胀与强度的统一问题，为此建立图 2-36 的模型解释这个问题。从模型可知，如果膨胀剂颗粒太细，与水反应时接触的表面积就大，早期水化程度也高，水化很可能主要集中在尚未硬化的塑性阶段，大部分的膨胀能消耗在水泥塑性阶段，会大幅度减少有效膨胀，反之，如果膨胀剂颗粒太粗，将降低其水化反应速率，会将膨胀延续到强度充分发挥的后期，这会导致延迟性膨胀破坏。因此可以认为，在上述两个阶段之间存在能够产生有效膨胀的强度发展区域，可以称之为"与颗粒组成相关的有效膨胀区"，如果膨胀剂的颗粒组成导致的水化反应速率能够与有效膨胀区的强度发展相适应，就能够获得安全有效的膨胀。

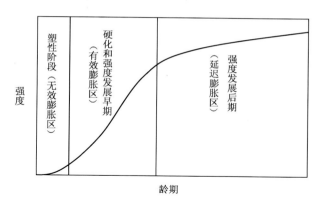

图 2-36 强度发展和膨胀的关系

3)高效膨胀剂的膨胀特征

限制膨胀率、膨胀速率是膨胀剂的重要指标。图 2-37 是 HCSA 与市售的普通 UEA 膨胀剂的膨胀特征曲线比较。

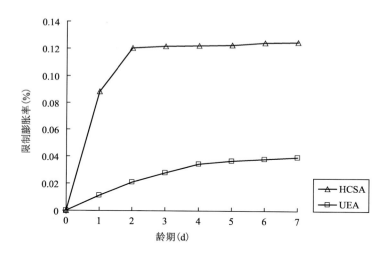

图 2-37 HCSA 与 UEA 膨胀剂的膨胀特征曲线比较

从图 2-37 可以看出在相同掺量下,HCSA 在龄期为 7d 时的限制膨胀率几乎是 UEA 的 3 倍,而且 HCSA 具有更快的膨胀速率,2d 后膨胀基本稳定。因此 HCSA 更适合于补偿低水胶比、强度发展快的现代混凝土的收缩。

掺膨胀剂砂浆的长期膨胀收缩性能见图 2-38,膨胀剂掺量为 8%,由于 HCSA 具有比较大的初始膨胀值,即使在长达 1 年的干燥空气中也残存着比较高的化学预应力,掺普通膨胀剂的试件受干燥收缩影响,出现受拉变形,而空白对比试件中的受拉变形则更大。

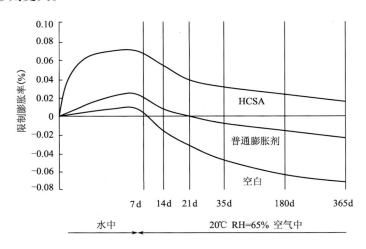

图 2-38 掺膨胀剂砂浆的长期膨胀收缩性能

4) 补偿收缩能力的研究

混凝土限制膨胀率是表征混凝土补偿收能力的重要参数。本节对影响补偿收缩混凝土有效膨胀的强度、限制程度、内养护等因素进行了试验研究,指出了提高补偿收缩的技术途径。

(1) 混凝土强度对限制膨胀率的影响

混凝土强度对限制膨胀率的影响采用表 2-19 中 1 号和 2 号配合比。

混 凝 土 配 合 比　　　　表 2-19

编号	混凝土配合比(kg/m³)							坍落(mm)	容重(kg/m³)	抗压强度(MPa)	
	水泥C	BFS	HCSA	砂S	石G	LWA	水W	BMRH			7d	28d
1	350	0	41	796	1098	0	175	0	35	2460	42.0	60.0
2	152	193	41	786	1085	0	173	0	15	2430	21.7	40.4
3	326	0	38	742	1024	0	163	5.83	215	2300	36.6	44.7
4	325	0	38	741	848	100	163	5.82	215	2220	39.0	48.2
5	329	0	39	749	683	200	165	5.88	220	2170	33.1	41.7
6	328	0	39	748	506	300	164	5.87	185	2090	33.2	40.8
7	328	0	39	748	124	500	165	5.87	230	1910	25.9	32.8

图 2-39 和图 2-40 是限制钢筋直径为 10mm，配筋率 $\mu=0.79\%$ 的试验结果，可以看出，混凝土的限制膨胀率与强度发展密切相关，前 100h 的限制膨胀率差异最大，其后的增长率大致相当；强度的发展速率与限制膨胀率的增长成反比例，早期强度越高，限制膨胀率增长的越小，抗压强度在 5~20MPa 时，是限制膨胀率的最佳发展期，可定义为"有效膨胀窗口"。

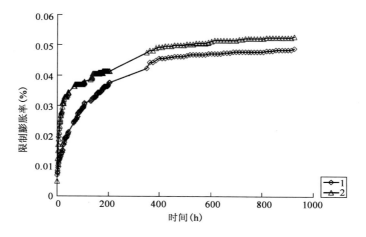

图 2-39　抗压强度试验结果

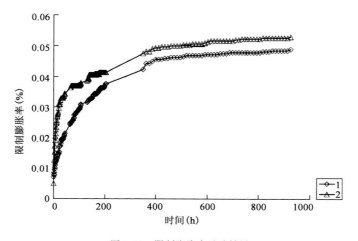

图 2-40　限制膨胀率试验结果

从强度与限制膨胀率的关系来看，提高限制膨胀率的方法有两个，一是延长混凝土的有效膨胀时间，使"有效膨胀窗口"开启的时间更长一些，这需要控制混凝土的强度发展速率，使其强度从 5MPa 发展到 20MPa 能够延迟更长的时间，为产生有效膨胀提供足够的时间；二是在"有效膨胀窗口"开启时间内,尽可能提高膨胀效率,使混凝土在早期就建立起足以补偿后期收缩的膨胀能,在工程实践中,延长"有效膨胀窗口"开启时间的措施有:掺加缓凝剂、掺矿物掺和料降低水泥用量或两者联合使用,另外就是提高膨胀剂的早期膨胀率,可以认为使用早期膨胀大的高性能膨胀剂是提高混凝土有效膨胀的根本措施。

（2）配筋率对限制膨胀率的影响

配筋率表示混凝土受限制的程度,配筋率越高,限制程度越大,混凝土限制膨胀收缩装置中约束钢筋的直径与配筋率的关系见表2-20,配筋率 μ 对限制膨胀率 ε_2 的影响采用表2-19中3号配合比。

混凝土限制膨胀收缩装置中约束钢筋的直径与配筋率的关系　　表2-20

钢筋的直径(mm)	配筋率(%)	钢筋的直径(mm)	配筋率(%)
5	0.20	16	2.05
10	0.79	24	4.73
12	1.14	30	7.61

试验结果见图2-41,随着配筋率提高,限制程度增加,限制膨胀率降低。从有效膨胀的角度来看,限制程度越大,构成有效膨胀的一个重要部分——限制膨胀率越小,可以认为在这种场合下大部分膨胀能被用来提高混凝土的密实度或转化为弹性势能。

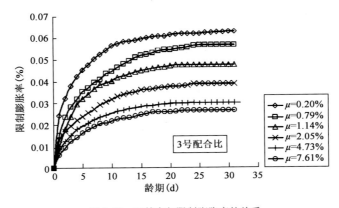

图2-41　配筋率与限制膨胀率的关系

自应力表示混凝土膨胀张拉限制钢筋时,限制钢筋对混凝土产生的压应力,图2-42显示自应力值 σ 随着配筋率 μ 提高而增加。

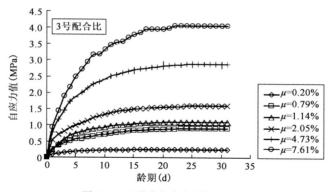

图 2-42　配筋率与自应力值的关系

(3) 内养护对限制膨胀率的影响

图 2-43 是一直在水中养护的掺有不同比例饱水轻集料的混凝土试件限制膨胀率的变化情况。混凝土配比采用表 2-19 所列的 3 号、4 号、5 号、6 号、7 号配比。混凝土性能见表 2-19。

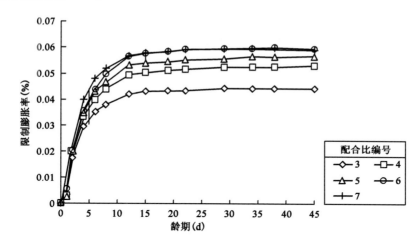

图 2-43　吸水陶粒掺量与限制膨胀率的关系

图 2-43 可以看出,随着混凝土中饱水轻集料掺量的增加,限制膨胀率显著提高,提高幅度最大可达 33%,当轻集料达到 $300kg/m^3$ 之后,限制膨胀率不再增加,说明在此截面尺寸下,混凝土养护充分,膨胀能得到充分发挥,此时饱水轻集料的掺量可视为饱和掺量,对于本试验条件下的混凝土而言,饱水轻集料掺量为 $100kg/m^3$ 时,强度约提高 8%,饱水轻集料掺量为 $200\sim300kg/m^3$ 时,强度降低 8%,达到 $500kg/m^3$ 时,强度降低 27%,因此适宜的掺量是 $300kg/m^3$ 以内。

混凝土内养护的机理比较简明,胶凝材料水化导致混凝土内部相对湿度降低时,轻集料中的水分会自动释放出来,维持混凝土内部相对湿度的平衡,为胶凝材料持续水化提供水分,这对于早期非常依赖水分的膨胀混凝土而言非常重要。

5)膨胀剂对多元复合胶凝材料混凝土收缩应力的影响

按表 2-21 所示的多元复合胶凝结材料混凝土配合比,采用内约束法研究膨胀剂对多元复合胶凝材料混凝土收缩应力的影响,混凝土抗压强度、轴心抗拉强度性见表 2-22。混凝土限制膨胀收缩装置中约束钢筋直径为 10mm,配筋率为 0.79%。

混凝土配合比 表 2-21

编号	每立方米混凝土材料用量(kg/m³)								水胶比	坍落度(mm)
	水泥C	水W	砂S	石G	矿物掺合料E		膨胀剂HCSA	减水剂BMRH		
					FA	BFS				
3	486	170	698	1046	—	—	—	13.6	0.37	195
15	203	170	698	1046	97	146	40	13.6	0.37	210

混凝土抗压强度试验结果及换算的轴心抗拉强度 表 2-22

编号	抗压强度 $f_{cu,k}$(MPa)						
	3d	7d	14d	28d	60d	90d	180d
3	38.8	54.8	63.3	67.1	68.7	—	71.6
15	24.9	41.5	53.2	59.5	69.4	—	74.1
编号	抗拉强度 f_{tk}(MPa)						
	3d	7d	14d	28d	60d	90d	180d
3	2.32	2.71	2.88	2.94	2.97	—	3.02
15	1.82	2.40	2.68	2.81	2.98	—	3.06

3 号混凝土试件脱模后在温度为(20±3)℃,相对湿度大于 90%的标准养护室养护至 3d 龄期,再移至温度为(20±2)℃,相对湿度为(60±5)%的恒温恒湿室;15 号混凝土试件脱模后在温度为(20±2)℃水中养护 7d,再移至温度为(20±2)℃,相对湿度为(60±5)%的恒温恒湿室。

通过掺加 20%粉煤灰、30%磨细矿渣的矿物掺和料降低了混凝土早期强度,随着龄期的增长,强度稳步增长,增长幅度大于 3 号空白混凝土,60d 以后强度超过 3 号空白混凝土。

膨胀剂对多元复合胶凝材料混凝土收缩应力的影响见图 2-44,由于掺加了 50%的矿物掺和料,延长了"有效膨胀窗口"开启时间,掺有膨胀剂的混凝土在水中养护

3d 产生 1.2MPa 的膨胀压应力,随后由于抗压强度限制了膨胀应力的进一步发展,膨胀进入稳定期,转入干燥空气中后,发生收缩,混凝土中储存的压应力逐渐降低,在 180d 以后,混凝土仍然处于受压状态,内部残存约 0.5MPa 的膨胀自应力。

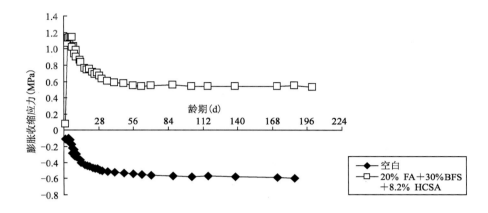

图 2-44　膨胀剂对多元复合胶凝材料混凝土收缩应力的影响

2.5.4　有效分散混凝土收缩应力的研究

混凝土的温度收缩、干燥收缩主要发生在初期,前 14d 的收缩超过前 90d 的 50%,所以控制混凝土初期收缩是控制裂缝的关键,特别在混凝土弹性模量较低的塑性状态。

本章对抗裂纤维的抗裂机理、抗裂能力以及对混凝土塑性裂缝的改善效果进行了研究,为大型深埋客站主体结构混凝土分散早期应力、提高混凝土极限延伸率、提高抗裂能力提供材料贡献。

1)纤维分散应力的机理

材料复合化是水泥基材料高性能的主要途径,纤维是其核心,化学合成纤维、天然纤维等低掺量、低弹模纤维在混凝土基材中呈三维乱向分布,起三维空间加强作用,约束混凝土基材各个方向的应力变形。与膨胀剂等混凝土外加剂在混凝土硬化中后期发挥抗裂防渗作用的机理有所不同,纤维"次要加强筋"的分散应力作用是以纯物理作用对混凝土塑性状态与硬化混凝土起到抗裂、阻裂作用的,它对混凝土的抗裂作用主要在塑性阶段、硬化初期发挥作用。

非连续纤维在混凝土中的抗裂、阻裂效应很大程度取决于纤维的平均间距 S 值与单位体积纤维中纤维的根数 N 值，S 值与 N 值由式(2-21)和式(2-22)决定：

$$S = 12.5d\sqrt{\frac{10\gamma}{W}} \tag{2-21}$$

$$N = \frac{1.27W}{dL\gamma} \cdot 10^6 \tag{2-22}$$

式中：S——纤维中心间距的平均值，mm；

N——单方混凝土中纤维的掺入根数；

d——纤维直径，mm；

γ——纤维密度，g/cm³；

W——单方混凝土中纤维的掺入重量，kg；

L——每根纤维的长度，mm。

2) 纤维的抗裂能力研究

如上述，纤维的抗裂、阻裂效应取决于纤维的平均间距 S 值与单位体积纤维中纤维的根数 N 值，所以有必要研究纤维自身的性质，选择合适的纤维品种，充分发挥其在混凝土中分散应力的重要作用。

表 2-23 为不同品种纤维的抗裂技术参数。

不同品种纤维的抗裂技术参数　　　　　表 2-23

技术指标	纤维品种	
	纤维素纤维 UF500	聚丙烯纤维 PP
比重 γ(g/cm³)	1.1	0.9
平均长度(mm)	2.1	16
标称直径(μm)	18	30
纤维间距 S(μm)	660	950
每立方米混凝土中纤维根数 N(10^8)	14.0	0.3
抗拉强度(MPa)	994	350

表 2-23 中数据显示，纤维素纤维 UF500 的平均间距 S 值为 660μm，比聚丙烯纤维低 30%，单位体积混凝土中纤维的根数 N 值为 14 亿根，对比聚丙烯纤维为 0.3 亿根，纤维素纤维 UF500 单位体积混凝土中纤维的根数是聚丙烯纤维的 46.6 倍，同时纤维素纤维 UF500 的抗拉强度是聚丙烯纤维的 3 倍左右，为混凝土提供更高的极限抗裂能力，具有较强的抗裂、阻裂效应。

3）不同纤维品种、掺量对塑性裂缝的影响

本节研究了不同纤维品种、掺量及其复合使用对塑性收缩开裂的影响，混凝土配比见表2-24。

混凝土配合比　　　　　表2-24

每立方米混凝土材料用量（kg/m³）						减水剂	水胶比	坍落度（mm）
水泥 C	水 W	砂 S	石 G	矿物掺和料 E				
				FA	BFS			
225	180	760	1010	90	135	3.6	0.40	240

（1）纤维素纤维对塑性收缩的影响

采用表2-24中所示的混凝土配比研究了不同掺量的纤维素纤维对塑性收缩开裂的影响，试验结果见表2-25。

纤维素纤维塑性收缩抗裂性结果　　　　　表2-25

试 验 名 称	UF500 纤维掺量（kg/m³）				
	0	0.3	0.6	0.9	1.2
初裂时间（min）	30	120	115	—	—
最大裂缝宽度（mm）	1.1	0.9	0.4	—	—
开裂面积（mm²）	330.2	183.9	67.8	—	—
开裂改善率（%）	0	44.3	75.6	100	100

从表2-25中可以看出：掺加纤维素纤维后，混凝土初裂时间延长4倍左右，明显改善了混凝土的塑性收缩开裂概率，并随着纤维素纤维掺量的提高，塑性收缩开裂概率呈明显减低的趋势，从表中可以看出UF500纤维掺量拐点可设为0.9kg/m³，在此掺量之前，开裂改善率低于80%，超过此掺量技术经济不合理。

（2）聚丙烯纤维对塑性收缩的影响

表2-26为不同掺量的聚丙烯纤维对塑性收缩开裂影响的试验结果。

聚丙烯纤维塑性收缩抗裂性　　　　　表2-26

试 验 名 称	PP 纤维掺量（kg/m³）				
	0	0.3	0.6	0.9	1.2
初裂时间（min）	30	90	120	95	100
最大裂缝宽度（mm）	1.10	1.10	0.70	0.45	0.20
开裂面积（mm²）	340.2	393.3	229.2	126.7	49.4
开裂改善率（%）	0	0	32.6	62.8	85.5

表2-26中数据表明：聚丙烯纤维掺量为0.3kg/m³时，所测裂缝宽度稍比基准

混凝土小,但由于中间开裂后裂缝折线比较多,所以所实测的开裂面积较基准大。因此,认为聚丙烯纤维掺量较低时,对混凝土早期抗裂性能基本无改善作用。随着聚丙烯纤维掺量的提高,混凝土初裂时间延长3~4倍左右,塑性收缩改善率提高,就本研究条件下,对抑制塑性收缩开裂有效掺量为 $1.2kg/m^3$ 以上,大于纤维素纤维。这与纤维的内部构造、分布在混凝土中纤维的根数及纤维间距有关。

(3) 高韧高弹纤维对塑性收缩的影响

根据表2-24配合比,我们研究了高弹性模量的高韧高弹纤维对混凝土塑性收缩开裂的影响,试验结果见表2-27。

高韧高弹纤维及其复掺对塑性收缩抗裂性的影响　　　表2-27

试验名称	基准	纤维掺量(kg/m^3)		
		高韧高弹纤维	复掺纤维	
	0	UF600	UF600	UF500
		0.9	0.3	0.6
初裂时间(min)	35	80	—	
最大裂缝宽度(mm)	0.95	0.35	—	
开裂面积(mm²)	346.4	76.7	—	
开裂改善率(%)	0	77.8	100	

数据显示在 $0.9kg/m^3$ 掺量时,混凝土初裂时间延长,塑性裂缝的改善率为77.8%,在相同掺量下,聚丙烯纤维和纤维素纤维对塑性裂缝的改善率分别为62.8%和100%,效果介于二者之间。这同样与纤维的自身性质有关,高韧高弹纤维的比表面积、分布在混凝土中纤维的根数及纤维间距介于两者之间。

高韧高弹纤维对于混凝土抗裂的贡献更在于UF600具有更高的弹性模量,掺加高韧高弹纤维对提高混凝土极限拉伸具有积极的作用,因此,可采用塑性裂缝的改善率高的纤维素纤维与提高混凝土极限拉的高韧高弹纤维复合使用,来实现早期塑性裂缝和后期裂缝双重抗裂的作用。复掺纤维对塑性裂缝的改善率分别为100%,对抑制混凝土早期裂缝具有重要意义。

(4) 不同纤维品种、掺量对混凝土力学强度的影响

不同纤维品种、掺量对混凝土力学强度的影响见表2-28。

从表2-28中数据可以看出:无论是纤维素纤维还是聚丙烯纤维,在各个掺量下对混凝土的抗压、抗折、劈裂抗拉强度均无显著提高,甚至聚丙烯纤维混凝土的某些强度有所下降,这主要是因为这些纤维本身的弹性模量低,仅为混凝土的1/9~

1/6，所以聚丙烯纤维混凝土的力学强度低于纤维素纤维混凝土，与前者弹性模量低于后者有关。

不同纤维品种、掺量对混凝土力学强度的影响　　　表2-28

纤维种类	掺量（kg/m³）	抗压强度（MPa）		抗折强度（MPa）		劈裂抗拉强度（MPa）
		7d	28d	7d	28d	28d
空白	0	42.8	62.0	5.3	6.9	3.3
纤维素纤维 UF600	0.3	44.8	62.3	5.9	7.2	3.3
	0.6	44.4	62.6	5.4	7.1	3.4
	0.9	42.8	61.1	5.2	7.2	3.5
	1.2	44.4	63.0	5.2	7.1	3.7
聚丙烯纤维 PP	0.3	38.7	58.8	4.9	6.7	3.2
	0.6	39.8	59.1	5.1	6.8	3.3
	0.9	37.8	61.1	5.0	6.7	3.3
	1.2	37.6	59.3	5.3	7.0	3.2
纤维素纤维 UF500 + 高韧高弹纤维 UF600	0.6+0.3	44.0	62.5	6.2	7.4	4.2

值得注意是，高韧高弹纤维 UF600 与纤维素纤维 UF600 复合使用后，由于高韧高弹纤维 UF600 具有更高的弹性模量，混凝土抗折强度、劈裂抗拉强度明显提高，尤其是 28d 的劈裂抗拉强度比空白混凝土提高 27.3%，抗拉强度表征着混凝土的极限拉伸，也就是说，高韧高弹纤维 UF600 与纤维素纤维 UF600 复合可有效提高混凝土的极限拉伸值，这对于混凝土结构抗裂具有积极的作用。

2.6　地下车站主体结构现场监测与信息反馈

2.6.1　试件收缩变形监控技术

以地下车站主体结构为代表的近代工业与民用建筑工程规模日趋扩大，结构形式日趋复杂，收缩变形作用引起的裂缝问题是困扰广大工程技术人员的重要难题。但是控制收缩裂缝的基本手段——混凝土的收缩测量技术却明显落后。混凝土的收缩测量技术一直是现场监测的关键因素，传统方法操作繁琐，数据离散大、处理困难,对测量人员的技术和熟练程度有较强的依赖性,人为误差比较大,测量精度低。研制测量精度高、人为误差小、操作简便、读数直观的混凝土膨胀收缩测量仪就变得非常紧迫。

本项目旨在设计试制一种新型混凝土膨胀收缩测量仪,该测量仪具有测量精度高、读数直观、操作简便的特点,同时可实现数据自动采集。

1)混凝土膨胀收缩测量仪的研制

(1)测试原理

在规定的温度及湿度条件下,将水泥砂浆或混凝土集料装入试模后形成试块,通过混凝土膨胀收缩测量仪测量出所述试块的变形量,根据其变形量计算出其应力值,相对变形为:

$$\varepsilon = \frac{L_2 - L_1}{L_0} \times 100\% \tag{2-23}$$

式中:ε——试件在龄期 t 时的相对变形量,%;

L_0——试件基准长度,mm;

L_1——试件长度的初始读数,mm;

L_2——试件在龄期 t 时的长度读数,mm。

应力为:

$$\sigma = \varepsilon \times E \times \frac{\pi D^2}{4 \times \left(A - \frac{\pi D^2}{4}\right)} \tag{2-24}$$

式中:E——弹性模量,MPa;

D——钢筋直径,mm;

A——截面面积,mm^2。

(2)结构设计

外径千分尺等传统测量仪存在着测量精度低、对中困难、适用性差、人为误差比较大等问题。新型测量仪测量精度可提高到千分之一,但由于测点与测头是面—面接触,因此测量仪在设计上就存在精度低、人为影响因素大的缺陷。

本研究项目采用斜角对中、自重压紧、点面接触等技术方案提高测试精度和测量可靠性。采用具有计算机数据采集功能的数显千分表,测量精度达到千分之一,测量量程达到10mm,可以精确的测量变形量较大的混凝土。

图 2-45、图 2-46 分别为水泥砂浆膨胀收缩测量仪、混凝土膨胀收缩测量仪的结构图。如图 2-45 和图 2-46 所示,本研究项目研制的测量仪由千分表1、支架2、上测头3、下测头4、底座5构成。千分表1接在支架2的顶端,其下端为上测头3,支架2固接在底座5上,支架2内有一个上下贯通且成90°夹角的固定槽,下测头4在底座5上,其与上测头3在同一垂直线上,上测头3及下测头4的测量端面为平面。千分表1为数显表,并与计算机连接实现数据的自动输出记录。

测长时试块放在上测头3及下测头4之间,并由支架2内的固定槽固定、对中,通过千分表1即可读出测量数据,由于上测头3及下测头4是与试块进行点接触,从而比原来测量仪测量时的面接触提高了精度,达到 0.001mm。

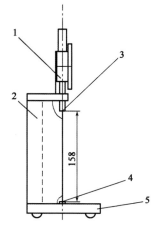

图 2-45 水泥砂浆膨胀收缩测量仪

(尺寸单位:mm)

1-千分表;2-支架;3-上测头;4-下测头;5-底座

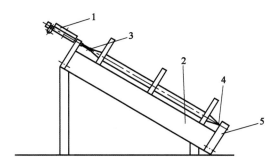

图 2-46 混凝土膨胀收缩测量仪

1-千分表;2-支架;3-上测头;4-下测头;5-底座

本设备具有操作简单、试块能自动对中、测量精度高、测量结果可数显并自动输出记录等优点。

(3)混凝土膨胀收缩测量仪的技术指标

①测量精度达 0.001mm。

②具有自动采集、计算数据功能。

③数据可以图形、Excel 表格或文本形式保存、输出。

④可以记录配合比等信息资料。

⑤可以随机抓取图形数据。

⑥可以按用户要求编辑采集工况，实现自动连续跟踪测量，并将数据以图形、Excel 表格或文本形式保存、输出。

2）混凝土试件收缩的测量

（1）仪器安装

如图 2-47 所示，将数显千分表用小螺丝固定在测量支架上，再将数据采集器连线的一端接在计算机的 com 口上，另一端接在数显千分表的数据输出口上。

图 2-47　混凝土测量仪

（2）测量仪校零标定

数显千分表面盘按键见图 2-48，每次测量时，将测量仪置于水平的测量平台上，用标准杆标定基准长度，方法如下：

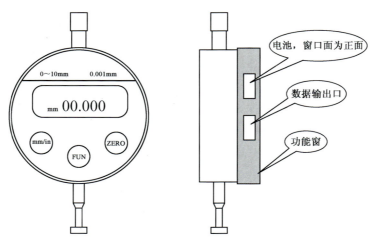

图 2-48　数显千分表面盘按键

按动"mm/in"键,使显示窗显示提示符 mm,轻提千分表提杆,把标准杆放入测量仪对中靠板凹槽,用手指压紧,轻放千分表提杆,使千分表的测头与标准杆接触,这时千分表显示窗出现一组数字,然后按"ZERO"键,显示窗数字全为零,轻提千分表提杆,取出标准杆,标定完成。注意,每次标定时,标准杆贴有标牌的一面(箭头向上)与测量仪的相对位置必须固定。

(3)测量试体

将待测试体擦净,轻提千分表提杆,把试体放入测量仪对中靠板凹槽,使试体有标记的一面与测量仪的相对位置和上次测量时一致,用手指压紧试体,轻放千分表提杆,使千分表与试体测头接触,这时千分表显示窗出现一组数字,即为测量值,操作者可根据需要手工记录测量数据自行计算,也可以点击"数据采集"键,将数据直接录入计算机,使用专有程序进行运算,方法见"程序运算演示"。

3)混凝土试件收缩的测量程序运算演示

(1)手动间歇测量

适用于一般标准要求的测量,需要三个试件。下面以膨胀剂测试为例,进行演示。

①初次测量设置。双击程序标志,出现如图 2-49 所示界面。

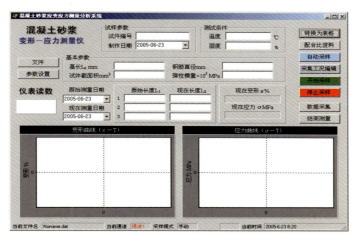

图 2-49 程序启动

按要求手工录入"试件编号"、"温度"、"制作日期"、"湿度"、"基长"、"试体截面积"、"钢筋直径"、"弹性模量"和在数显千分表上读到的"原始长度"等基本参数。如果是不配钢筋的收缩试件,"钢筋直径"和"弹性模量"取"0",见图 2-50。

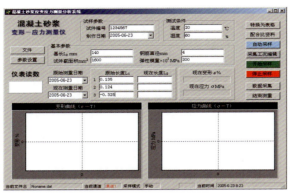

图 2-50　基本参数设置

单击"参数设置"菜单，进行"适配器"和"端口"选项，这个步骤一般是默认选择，见图 2-51。

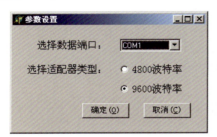 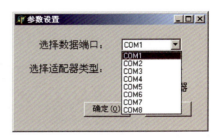

图 2-51　参数设置

单击"文件"菜单，给当前文件命名并进行保存，见图 2-52。

图 2-52　命名当前文件

单击"配合比资料"，见图 2-53，录入相关信息，以后可以在程序中随时查看录入的信息，按"返回"并进行保存。这样就完成了初次测量设置。

图 2-53　录入配合比材料

②在规定龄期进行测量。双击程序标志启动程序,单击"文件"菜单,按打开文件(图 2-54、图 2-55),选定测量文件,打开。

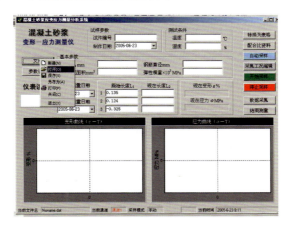

图 2-54　打开文件

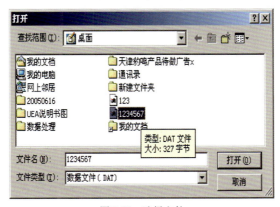

图 2-55　选择文件

单击"开始采集",这时仪表读数窗口会显示数显千分表此刻的数据,按"数据采集按钮",数据会被读到"现在长度"窗口中(图2-56),这个步骤如果发生操作错误,可以有两种办法补救,一是不保存数据,重新启动程序进行测量,二是将此时数显千分表上显示的读数手工录入相应的数据位。按"结束测量"即会得到此时的变形值和应力值。将文件保存,就完成了第一个龄期的数据采集(图2-57)。按规定龄期对试件进行测量,会得到图2-58的测量结果。

图2-56　数据采集

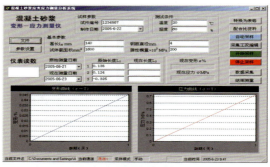

图2-57　完成龄期数据采集

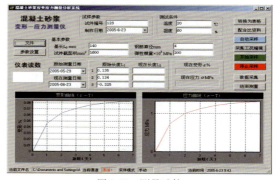

图2-58　测量试件

③抓取图片。用鼠标选定要抓取的图片,单击鼠标右键,出现图 2-59 所示的对话框。选择保存文件的方式,并进行保存(图 2-60),此时该图片将被保存到指定的文件夹中。在编辑文章时如果使用该图片,插入即可(图 2-61)。

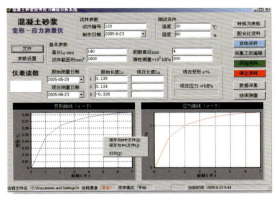

图 2-59　抓取图片

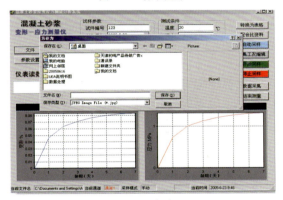

图 2-60　保存

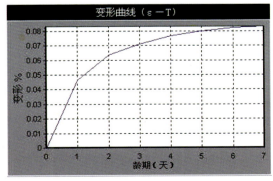

图 2-61　插入图片

④转换为 Excel 表格。单击"转换为表格"出现图 2-62 对话框,保存文件,创建新文件。程序会将采集和计算的数据转换为 Excel 表格形式,在保存的文件夹中找到该文件并打开,得到如图 2-63 所示的 Excel 表格文件,可以在 Excel 表格中按需要对数据进行处理。

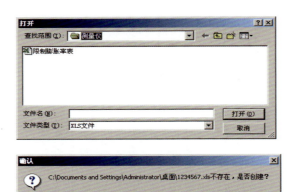

图 2-62 转换为表格

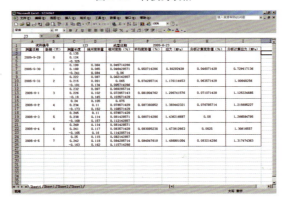

图 2-63 表格文件

(2)自动测量

启动程序、参数设置、基本参数、信息录入及文件保存、命名同"手动间歇测量"。单击"采集工况编辑",按需要进行编辑设置(图 2-64),按"确认编辑"后,准备完毕。自动测量只能对一个试体进行测量,因此"原始长度"只录入一个值,一般设为"0",测量时将数显千分表置为"0"即可。单击"自动采样",程序进入自动工作状态。这时程序会按设定的采集工况将试体的变形量自动绘制成图(图 2-65)。

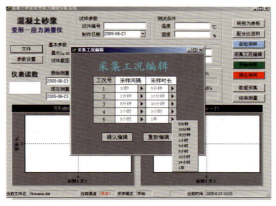

图 2-64　编辑设置

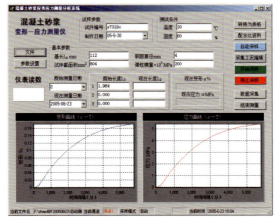

图 2-65　制动绘制成图

如果想在设定的时间之前结束测量,单击"停止采集",并对文件进行保存。

4) 小结

本设备具有以下优点:测量精度达 0.001mm;具有自动采集、计算数据功能;数据可以图形、Excel 表格或文本形式保存、输出;可以记录配合比等信息资料;可以随机抓取图形数据;可以按用户要求编辑采集工况,实现自动连续跟踪测量,并将数据以图形、Excel 表格或文本形式保存、输出;将测量仪与限制膨胀收缩装置联合使用,可以测量混凝土的收缩应力变化情况。

本研究较大幅度地提升了原有测量仪器的测量精度,消除了测量过程中的人为因素干扰,提高了混凝土的测量精确度,对减少混凝土结构收缩开裂,提高混凝土耐久性具有明显的社会效益。

2.6.2 工程现场混凝土收缩开裂预警系统的研究

干燥收缩是混凝土材料的属性,也是影响混凝土耐久性的重要因素,干燥收缩导致的开裂问题是当前混凝土研究领域的一个热点。常用的开裂性研究试验方法只能用于观察裂缝出现的时间、数量,而不能确定混凝土内部收缩应力的大小及变化情况。

本研究采用测量内约束混凝土收缩应力的方法,用干燥收缩开裂概率来预测其发展趋势,建立了工程现场混凝土收缩开裂预警系统。

1)收缩应力试验方法

(1)装置及原理

本试验方法的主要装置是一台与计算机相连的上述混凝土膨胀收缩测量仪和一组"混凝土限制膨胀收缩装置"。

收缩测量仪的测点为点面接触,对中方式采用角位固定、自重压紧,具有操作误差小,简便实用的特点,测量输出部分是分辨率为 0.001mm 的容栅位移传感器,数据传入计算机后,变形和应力会自动以曲线形式显示出来。有间歇式测量和连续自动扫描测量两种方式供试验者选择。间歇式测量可以使用一台仪器对若干试件进行处理,但对同一组试件一天只能测量一次;连续自动扫描测量则可以根据操作者设定的扫描程序按秒、分钟、小时的间隔自动采集数据并进行计算处理。两种测量形式计算的结果都可以转换为 Excel 数据供实验者进一步分析处理。测量仪的结构见图 2-66。

图 2-66　测量仪结构

混凝土限制膨胀收缩装置如图 2-67 所示,它由限制钢筋、限制锚钉、限制端板、测头和隔离套等部件构成。将混凝土浇筑在装置中,混凝土发生变形时在端部约束下就会带动限制钢筋产生同样大小的变形。通过测量限制钢筋长度变化,可以得出混凝土内部由于变形而产生的应力,其原理如下:

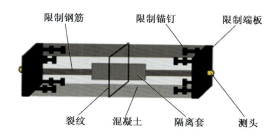

图 2-67 混凝土限制膨胀收缩装置

在限制膨胀收缩装置中，混凝土变形过程中受到的拉（压）力 F_c 等于限制钢筋受到的压（拉）力 F_s，即：

$$F_c = F_s \tag{2-25}$$

由于 $F_c = \sigma_c A_c$，$F_s = \sigma_s A_s = \varepsilon E_s A_s$，则：

$$\sigma_c = \frac{\varepsilon E_s A_s}{A_c} \tag{2-26}$$

式中：σ_s——限制钢筋的应力，MPa；

σ_c——混凝土的应力，MPa；

A_s——限制钢筋的截面积，mm²；

A_c——混凝土的截面积，mm²；

ε——试验龄期限制膨胀收缩装置的变形；

E_s——限制钢筋的弹性模量，取 2×10^5 MPa。

将钢筋直径 D 代入公式（2-24），混凝土的收缩或膨胀应力按下式计算：

$$\sigma_c = \varepsilon \times E_s \times \frac{\pi D^2}{4 \times \left(A_b - \frac{\pi D^2}{4}\right)} \tag{2-27}$$

$$\varepsilon = \frac{L_2 - L_1}{L_0} \tag{2-28}$$

式中：A_b——试件的截面积，mm²；

L_1——限制收缩装置的初始长度读数，mm；

L_2——试件在试验龄期测得的长度读数，mm；

L_0——试件基准长度，mm；即混凝土限制膨胀收缩装置中灌入的混凝土长度。

(2)实验方法

①测量初始长度。本方法确定的初始长度读数是没有浇筑混凝土时限制膨胀收缩装置的长度读数,将混凝土浇筑在装置中,混凝土发生变形时在端部约束下就会带动限制钢筋产生同样大小的变形,通过测量限制钢筋长度变化,可以得出混凝土内部由于变形而产生的应力,采用该方法可以精确测量到的收缩应力包括除混凝土温度应力之外的所有收缩应力的总和。

为了最大限度地消除操作误差,试验时应将混凝土限制膨胀收缩装置设有编号的一面朝上进行初始长度测量,其方向及位置在今后测量中固定不变;限制膨胀收缩装置两端的球形测头与测量仪的上下两个平面测头紧密接触,形成点面接触,使限制膨胀收缩装置中轴线与仪器上下测头精确对中,记录初始长度。

②制作试件。将测量完初始读数的限制膨胀收缩装置小心放入模具中浇筑混凝土,人工分层插捣密实,在此过程中严禁触及限制钢筋和测头,在抹压收光的混凝土试件表面覆盖玻璃板或塑料薄膜防止水分蒸发。在试件达到脱模强度后进行脱模,测量脱模长度,并将试件移入规定的养护环境进行养护。

③测量规定龄期试件的长度。在规定的试验环境下,按要求的测试龄期进行测量,采集并记录测量值;每次的测量方法都与初始长度的测量方法相同;对不同龄期的试体在规定时间±1h内测量,所述龄期从浇筑成型日起算。

2)混凝土收缩开裂评价方法

(1)混凝土轴心抗拉强度f_{tk}的确定

f_{tk}一般由混凝土抗拉试验确定,也可以根据立方体抗压强度$f_{cu,k}$的试验结果按《混凝土结构设计规范》(GB 50010)提供的数据按下式进行换算:

$$f_{tk} = 1.1343\ln(f_{cu,k}) - 1.8275 \tag{2-29}$$

本试验采用公式换算法。

(2)干燥收缩开裂概率 C

混凝土是一种固、液、气三相并存,各向异性的非均质脆性复合材料,其变形过程中既有弹性变形,又包含一部分塑性变形,也就是说它的弹性模量不是一个常量,另外其性能又随时间和环境条件变化而变化,所以要对其干燥收缩开裂行为进行准确计算十分困难,故可将混凝土的干燥收缩开裂行为视作小范围概率事件,用干燥收缩开裂概率来预测其发展趋势。

干燥收缩开裂概率 C 是根据第一强度理论推导出来的,第一强度理论认为当混凝土中的拉应力 $\sigma \geqslant f_{tk}$ 时,混凝土在垂直于拉应力方向开裂, $\sigma < f_{tk}$ 时,混凝土不开裂。混凝土在短期集中拉力荷载作用下, σ-ε 曲线基本是直线,其内部的拉应力在构件断裂前达到最大值即抗拉强度 f_{tk} ,但实际上在干燥收缩应力作用下,由于徐变的影响,混凝土内部的拉应力远未达到其抗拉强度时,就会因为其变形大于极限延伸率而产生裂缝,所以定义干燥收缩开裂概率:

$$C = \frac{-\sigma}{f_{tk}} \times 100\% \qquad (2\text{-}30)$$

表达在干燥收缩时,产生裂缝的可能性。

式中: C ——混凝土干燥收缩开裂概率, $C \in [0,100]$,%;

σ ——混凝土中的内应力,膨胀受压为正值,收缩受拉为负值,MPa;

f_{tk} ——混凝土适时轴心抗拉强度,MPa。

式中 C 越大,开裂的风险也越大, $\sigma > 0$ 时,表示混凝土处于受压状态,不可能发生收缩开裂, C 定义为 0。由于 f_{tk} 和 σ 不是同类参数,可能存在 $-\sigma \geqslant f_{tk}$ 的情况,此时 C 定义为 100%。

混凝土在应力作用下,存在小应力慢裂传播和大应力快裂传播两种过程,在单轴压缩应力之下,到极限强度的 40%~60% 时,就有某种程度的慢裂传播,如超越这种传播,就过渡到快裂传播过程。从本文的试验结果来看,干燥收缩裂缝的特征显然属于存在尖端塑性的慢裂传播,故将混凝土在弹性限制情况下的干燥收缩开裂概率划分为 $C \geqslant 60\%$ (高开裂风险), $40\% \leqslant C < 60\%$ (中等风险)和 $C < 40\%$ (低风险)三种状态,用来评价混凝土干燥收缩时产生裂缝的概率。这仅是一个粗浅的划分,还有待更多试验数据对其进行修正。如果只是用来评价不同配合比混凝土的开裂风险,分析其在某一限制程度下的干燥收缩开裂概率,进行相对比较即可,绝大多数工程中的混凝土都处于弹性限制状态,其限制程度有大有小,所以针对工程的开裂风险评估,则要根据工程的限制情况,设定限制程度,选择合适的"限制膨胀收缩装置"进行试验。

综上所述,采用干燥收缩开裂概率 C 可以简单、直观评价混凝土在不同限制情况下产生收缩裂缝的几率,对工程应用中设计抗裂混凝土配合比具有指导意义,特别是对评判补偿收缩混凝土的抗裂性能具有积极意义。

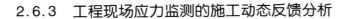

2.6.3 工程现场应力监测的施工动态反馈分析

在我国土木工程领域中,普遍采用约束变形的棱柱体试块的变形试验结果表述膨胀收缩效果,和混凝土结构体的强度、抗渗性、抗冻性、弹性模量等物理力学性能指标的监控方法一样,属于一种间接证明方法,与实际工程存在一定的差别。

本节通过对模拟边梁约束的配筋单元板的不同部位变形试验,分析混凝土变形情况,并与试验室试验结果进行了比较,为结构的设计、材料、施工提供指导性依据和现场监控手段,以达到安全施工和优化设计的目的。

1)试验方法

(1)原材料

试验采用P.O32.5水泥,中砂,最大粒径25mm的碎石,HCSA高性能混凝土膨胀剂,S95级磨细矿渣粉,AF萘系减水剂,混凝土配合比和抗压强度试验结果见表2-29。

混凝土配合比和抗压强度   表2-29

每立方米混凝土材料用量(kg/m³)							抗压强度(MPa)			
水泥	矿粉	HCSA	水	AF	砂子	石子	3d	7d	28d	60d
250	125	40	204	2.90	673	1146	12.4	19.2	27.1	27.7

(2)应变片布置及粘贴

图2-68是平板构件的尺寸、配筋和应变片粘贴位置示意,平板构件的边框为宽55mm,高120mm的槽钢。先用锉刀在指定部位的钢筋上锉出一个平面,再用细砂纸仔细打磨平整。用502胶水粘贴应变片,焊接好导线后,用环氧树脂对应变片进行防水密封处理,导线用塑料绑线按顺序固定在钢筋上,用YJW型数字静态电阻应变仪采集应变数据。共粘贴了16个应变片,粘贴位置和方向见图2-68,其中5号、8号、9号和14号应变片在采集数据不久后毁坏,应变片存活率为三分之二。2-69是粘贴应变片实景图。

(3)混凝土浇筑及养护

按表2-29混凝土配合比人工搅拌、浇筑混凝土,浇筑混凝土后的平板构件实景见图6-70。洒水养护7d后撤水干燥。

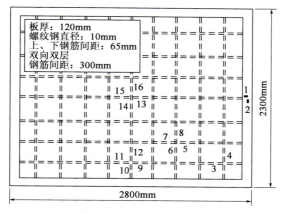

图 2-68　平板构件示意图

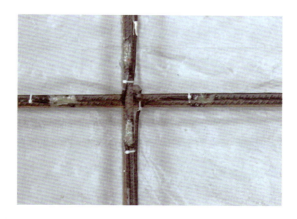

图 2-69　应变片粘贴实景

图 2-70　浇筑混凝土后的平板构件实景

(4) 混凝土试块约束变形对比试验

按照《混凝土外加剂应用技术规范》(GB 50119)的要求,进行混凝土约束膨胀率试验。

2) 试验结果与分析

各测点所测钢筋的变形值见表 2-30。

各测点的变形试验结果($\times 10^{-6}$)　　　　表 2-30

龄期(d)	测点号										
	1	2	3	4	6	7	10	11	12	13	15	16
0	0	0	0	0	0	0	0	0	0	0	0	0
1	-55	315	356	362	641	354	534	481	892	701	673	834
2	-96	310	482	471	744	451	671	546	1011	793	746	954
3	-99	300	495	480	750	456	686	541	1016	804	753	961
4	-100	306	504	487	756	467	702	546	1027	816	762	971
5	-102	303	505	488	755	466	706	540	1025	818	762	974
6	-103	295	502	483	751	464	709	534	1023	815	760	974
7	-104	305	507	486	750	469	714	557	1025	815	761	975
8	-103	289	491	468	726	450	709	532	1011	798	742	966
9	-99	267	454	436	710	428	684	543	988	789	748	945
10	-97	242	432	413	690	410	667	520	961	765	723	919
11	-95	229	414	395	671	394	654	505	949	753	706	907
12	-91	225	406	384	661	383	644	492	937	746	705	899
13	-87	197	369	373	652	376	637	472	930	738	753	890
14	-83	187	355	357	637	363	626	462	920	727	739	879
15	-77	180	346	353	630	357	618	457	912	722	742	875
16	-74	172	337	343	622	352	608	451	901	713	737	861
17	-73	174	334	340	616	346	608	450	903	715	734	867
18	-70	171	330	338	645	343	605	449	899	712	707	863
19	-66	162	328	333	627	341	599	470	890	706	688	855
20	-60	169	322	326	616	333	596	466	890	707	713	860
21	-55	163	316	321	611	326	587	457	879	697	703	849
22	-55	158	314	321	611	327	587	457	879	698	702	851
23	-56	159	308	320	612	329	588	457	880	698	698	848

从试验数据可以看出以下特征：

①从图2-71可知，粘贴在槽钢边框上的1号测点方向受压，而2号测点方向受拉，说明框内的混凝土板在两个方向确实产生了膨胀，与预计的完全一致。

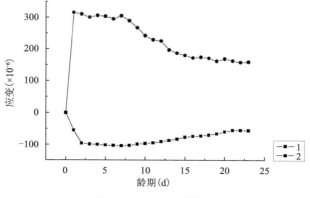

图2-71　应变与龄期关系

②由于边框的约束程度最大，在同一方向上，从边框向中心，约束程度递减，膨胀率渐增，如测点编号2号-4号-6号-12号，见图2-72。此情况可以说明，在有梁的混凝土楼板中，由于梁的配筋率比板高，其膨胀率相对较小，能够对膨胀大的板形成强有力的约束，板就不容易收缩开裂。

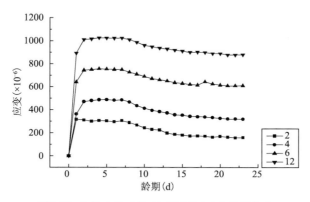

图2-72　2号、4号、6号、12号试件应变与龄期关系

③同一测元的膨胀变形值大致相同，如13号和15号，受到应变片的粘贴精确程度和钢筋截面尺寸（锉平面时可能造成每个测点的钢筋直径不同）影响，各测点的值有一定的差别，但是平均两个方向测点的膨胀值（图2-73），约束程度高的长向膨胀值较小，符合补偿收缩混凝土的一般规律，说明试验进行得比较成功。

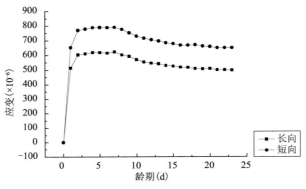

图2-73 长向、短向应变与龄期关系

④撤除养护水之后，混凝土产生干燥收缩，至龄期20d时变形基本稳定，但都处于受压状态。从图2-73也可以看出，1号测点所受的压力和2号测点所受的拉力因干燥收缩都逐步减小。

⑤图2-74是根据13号和16号测点的约束膨胀率计算的中心部位混凝土的应力状况，配筋率$\mu=0.11\%$，混凝土最终受到的压应力为$0.15\sim0.19$MPa。由于边框的约束程度无法精确估算，如果考虑约束程度的差异，其压应力应该大致相同。

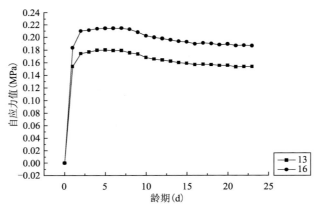

图2-74 13号、16号点应力状况

⑥图2-75是按照现行国家标准规定的棱柱体试块进行的约束膨胀率试验结果，其膨胀特征与平板构件完全吻合，由于约束程度较高（配筋率0.79%），膨胀率大约只有平板构件的50%，说明棱柱体试块完全能够定性并半定量描述构件的膨胀变形情况，亦即目前各国采用的棱柱体约束膨胀试验方法可行。

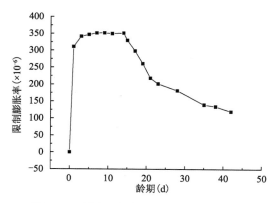

图 2-75 国家标准规定的棱柱体试块试验结果

2.6.4 大体积混凝土温度收缩应力预警系统的研究

1）温度应力对混凝土产生裂缝的影响

大体积混凝土出现的裂缝，按其开裂深度的不同一般可分为表层裂缝和贯穿性裂缝。

（1）表层气温差的影响

大体积混凝土在施工阶段，气温的变化对混凝土的水化热有较大影响。外界气温越高，混凝土的浇筑温度也越高，同时混凝土的水化温升也越高。而外界气温下降，特别是温度的骤降，会在混凝土表面引起急剧的降温，在表层形成很陡的温度梯度，从而引起很大的温度应力，使混凝土产生表面裂缝。

（2）内表温差的影响

水泥水化会产生大量的水化热，使混凝土内部的温度升高，混凝土内部与表面温差过大时，就会产生较大温度应力，当这种温度应力超过混凝土极限抗拉强度时，就会产生裂缝。由于混凝土降温期间的内表温差较大，且在一定程度上，混凝土愈厚，混凝土用量愈大，胶凝材料用量愈大，内表温差也将愈大，温度应力也就愈大，当此拉应力超过混凝土极限抗拉强度，就会产生贯穿裂缝。

由此可见，对大体积混凝土进行温度测控时了解和掌握混凝土内部温度、表面温度及外界温度等数据，并采取相应技术措施，控制混凝土表面温度与外界气温温差，对于防止大体积混凝土产生温度裂缝具有重要意义。

2）大体积混凝土温度收缩应力预警系统的建立

（1）温度差预警值的建立

我们在第 1 章约束应力的研究中知道最大应力 $\sigma_{\max}$ 为：

$$\begin{cases} \sigma_{\max} = -E\alpha T\left(1 - \dfrac{1}{\cosh\beta\dfrac{L}{2}}\right) \\ \beta = \sqrt{\dfrac{C_x}{HE}} \end{cases} \quad (2\text{-}31)$$

式中：C_x——水平阻力系数，N/mm^3；

　　　H——板厚，mm；

　　　E——混凝土弹性模量，MPa；

　　　L——结构物的长度，mm；

　　　cosh——双曲线余弦函数的反函数；

　　　α——混凝土线膨胀系数，为 $1.0 \times 10^{-5}/℃$；

　　　T——仅考虑混凝土温差的综合温差。

考虑到混凝土引起的应力松弛作用，结构承受的应力为：

$$\sigma_{\max} = -E\alpha T\left(1 - \dfrac{1}{\cosh\beta\dfrac{L}{2}}\right) H(t,\tau) \quad (2\text{-}32)$$

式中：$H(t,\tau)$——混凝土徐变松弛系数，一般为 $0.3 \sim 0.5$。

由前面的研究结果可知，结构长度超过 50m 范围后，构造因子 $S = 1 - 1/(\cosh\beta L/2)$ 趋于常数 1，为了简化计算，构造因子 S 取值为 1，结构承受的应力变为：

$$\sigma = -E\alpha TH(t,\tau) \quad (2\text{-}33)$$

当结构所受的应力小于等于抗拉强度 R 时，不会因为温度应力产生开裂。

由 $\sigma = -E\alpha TH(t,\tau) \leqslant R = E\varepsilon_p$ 推出：

$$\alpha TH(t,\tau) \leqslant \varepsilon_p \quad (2\text{-}34)$$

偏于安全地取 $H(t,\tau) = 0.5$，而普通混凝土的极限延伸率 ε_p 约为 1.5×10^{-4}，得到：

$$T \leqslant 2\varepsilon_p = 30℃ \quad (2\text{-}35)$$

由此，确定大体积混凝土的里表温差 30℃ 为施工阶段温度差预警值。

（2）温度收缩应力预警系统的建立

通过大体积混凝土的保温保湿养护方法建立温度收缩应力预警系统。大体积混凝土的保温保湿养护方法能减少混凝土表面的热扩散，降低大体积混凝土浇筑体的里外温差值，降低混凝土浇筑体的自约束应力，达到防止或控制温度裂缝的目的。

根据热交换原理,假定混凝土的中心温度向混凝土表面的散热量,等于混凝土表面保温材料应补充的发热量,计算满足温度差预警值所要求的保温层厚度。

混凝土表面及四周保温材料覆盖厚度,可按式(2-36)计算:

$$\delta_i = \frac{0.5H\lambda_i(T_b - T_q)}{\lambda(T_{max} - T_b)} \cdot K \tag{2-36}$$

式中:δ_i——保温材料所需厚度,m;

H——浇筑体厚度,m;

λ_i——保温材料导热系数,W/(m·K);

λ——混凝土导热系数,W/(m·K),取2.3W/(m·K);

T_{max}——混凝土中心最高温度,取3d龄期的温度,℃;

T_b——混凝土表面温度,取3d龄期的温度,℃;

T_q——混凝土浇筑后3~5d的空气平均温度,℃;

K——传热系数的修正值(取1.3~2.0),视保温材料的透风性能及风力情况而定。

2.6.5 工程现场大体积混凝土温度监测的施工动态反馈分析

1)监测设备

采用北京安伏电子有限公司研发的RF-sensor无线测温系统,RF-sensor无线测温系统是专门设计用于混凝土结构的无线传感产品,基于Zigbee技术,符合IEEE 802.15.4通信标准。系统包括无线温度传感器和无线接入设备,能实现网络化的温度测量,支持无线传感器数量超过4000个。

(1)Wtem751无线温度传感器

图2-76为Wtem751无线温度传感器,主要技术指标如下:

①温度测量范围:-55~+125℃。

②精度:±0.5℃(-20~+80℃),±1℃(-55~+125℃)。

③分辨率:0.0625℃。

④温度测量周期:约75s。

⑤供电:3.6V锂电池,工作时间>5年。

⑥射频标准:IEEE 802.15.4。

⑦外形尺寸:56mm×29mm×18mm。

（2）Aptem200 无线测温仪

图 2-77 为 Aptem200 无线测温仪，Aptem200 带有 LCD 显示屏，可同时显示 6 个传感点的温度和信号强度，仪表设计为可盘装或壁挂。主要技术指标如下：

图 2-76　Wtem751 无线温度传感器

图 2-77　Aptem200 无线测温仪

①射频标准：IEEE 802.15.4。

②可管理传感器数：32 只。

③可显示传感器数：6 只。

④温度显示：LCD 显示器，带背光。

⑤报警输出：1 个（无源接点）250VAC，0.6A 或 24VDC，5A。

⑥网络接口：隔离 RS-485 工业总线接口。

⑦工作电压：直流 10～40V 或交流 110～240VAC。

⑧工作温度：-20～+80℃。

⑨存储温度：-40～+85℃。

（3）温度监测的施工动态反馈分析系统的工作原理

施工动态反馈分析系统的高抗干扰能力，特别适用于混凝土结构的运行温度监测，实现非接触温度测量。工作原理如图 2-78 所示。

RF-sensor 无线测温系统能定时监测各测温点温度，并自动记录。系统监测周期自混凝土浇筑开始，全天 24h 连续监测 30d，将监测数据及其变化趋势以图表两种方式实时显示，真实反应混凝土浇筑块体升降温、内外温差、降温速度及环境温度，反馈施工现场信息，测温报警温差设置为 30℃，随时提醒现场采取有效措施，控制温差及降温速度，为施工过程中及时准确采取温控对策提供科学依据，对保证混凝土的后期质量和控制混凝土裂缝有重要的意义。

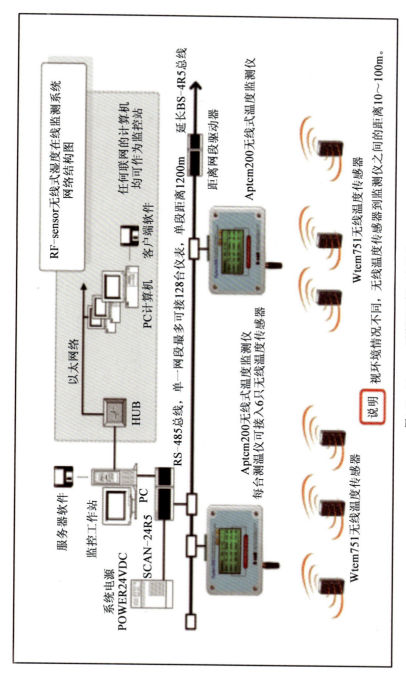

图2-78 RF-sensor无线测温系统工作原理

2)监测方案

(1)测点的布置

以每个施工段为单元进行温度监测。

距离混凝土表面 1.5m 高度、露天、不易破坏处设置 3 个 Wtem751 无线温度传感器测量大气温度,气温取读数的平均数。

在混凝土泵出料口设置温度传感器,测量混凝土入模温度。

每个施工段基础平面上在中心线、代表轴线上按 15~20m 间距布点,每个测点沿高度方向布置 3 个温度传感器,第 1 个在混凝土表面下 100mm,第 2 个位于混凝土中部,第 3 个在垫层上 100mm。

(2)监测记录方式

在监测周期的前 7d,监测系统每隔 30min 自动测量并记录各点温度数据一次;8~14d,监测系统每隔 1h 自动测量并记录各点温度数据一次;15~30d,监测系统每隔 2h 自动测量并记录各点温度数据一次;将同一测试位置的相邻测点间同一时刻的温度差绝对值定义为温差,监测报警温差设置为 30℃。

2.7 本章小结

本章重点研究了大型地下无伸缩缝混凝土结构设计与施工中的关键技术问题。首先从国内外研究现状分析入手,综述了国内外在该领域的研究进展。而后介绍了相关材料的试验方法和重要试验数据。第四节介绍了大跨度深埋地下混凝土结构设计与施工中的基本知识与关键技术,第五节介绍了如何控制混凝土收缩应力,第六节介绍了深埋混凝土结构现场监测技术。

①通过深入研究超大无缝结构的裂缝开展机理,我们发现以下规律:

a. 伸缩缝间距与地基阻力系数 C_x、结构长高比、宽高比有关;结构厚度、混凝土弹性模量、混凝土综合温差和混凝土极限拉伸有关。尽可能减小结构与地基的阻力系数,减小结构的长高比和宽高比,减小结构所承受的约束应力,这种方法被称为"释放约束法"。

b. 通常超大型地下钢筋混凝土主体结构具有高地基阻力系数 C_x 和超大的长高比和宽高比特点,且长宽互为约束,伸缩缝起不到释放温度、释放收缩应力的作用。只能采用另一种正好相反的方法"完全保留自然约束法",即结构设计中顺其自然，充分利用天然地基阻力系数，如桩基、底板下翻梁、自然摩擦力等，通过降低混凝土温差，减少混凝土收缩应力，提供膨胀应力，充分利用抵抗地震破坏力的内应力抵抗温度应力，完全可以不设伸缩缝。福田枢纽超大地下主体结构就是遵循自然规律的成功案例。

c. 为了方便施工，可尽可能增加施工缝，减少一次性混凝土浇筑量。降低施工期的温度收缩应力，施工缝间距与混凝土收缩特性、温差大小、混凝土极限延伸率、结构所受的约束程度、构件的长高比、宽高比、构造配筋形式等因素有关，通过适当的配筋率和配筋方式，可提高混凝土极限延伸率，增加混凝土抗裂能力；也可以合理设置后浇带，降低施工期的温度收缩应力。应综合考虑膨胀收缩变形、水化热的散发以及方便施工等因素慎重采用后浇带，实现超长、超宽连续浇筑施工的目的。

d. 通过适当调整构造配筋直径和配筋方式，或在保护层与构造筋之间设置金属扩张网，增加混凝土主体结构抗裂能力。

②严格控制材料的配合比，降低和控制混凝土入模温度，控制超大混凝土结构的裂缝，使集中裂缝变为小于 $0.2 \sim 0.3 mm$ 的分散裂缝，完全避免任意方向的贯通裂缝，可采取以下措施：

a. 根据不同活性、不同作用复合使用膨胀剂、粉煤灰、磨细矿粉等矿物外加剂，降低水泥用量，可降低混凝土的水化放热，延迟了混凝土水化时间，降低了混凝土升降温速度，有效地提高混凝土极限延伸率，同时在混凝土内部形成的膨胀应力又可以在一定程度上补偿混凝土的冷缩，从而形成了低热微膨胀多元胶凝材料体系。

b. 控制大体积混凝土的裂缝，是确保混凝土质量的关键技术。收缩应力随着强度、限制程度、流动度增大而提高，裂缝开展的概率也随之提高。在工程实践中最有效的方法是，减少水泥用量，增加优质粉煤灰，降低坍落度，可以大幅度降低裂缝，另外使用低活性、大掺量的矿物外加剂可降低收缩应力20%以上。

c. 高性能膨胀剂通过调整矿物成分的化学方法、控制颗粒级配的物理方法、控制强度的发展速率、设置合理的限制程度、掺加部分饱水轻集料可显著提高混凝土的膨胀能力，为混凝土提供 $0.03\% \sim 0.07\%$ 的限制膨胀率。

d. 掺加不同品种的纤维后，有效地分散了混凝土早期收缩应力，混凝土初裂时间延长，明显改善了混凝土的塑性收缩开裂概率，并随着纤维掺量的提高，塑性收缩开裂概率呈明显减低的趋势，纤维素纤维的效果优于聚丙烯纤维，高韧高弹纤维与纤维素纤维复合使用效果优于纤维素纤维。

③加强混凝土施工工艺的监测,优化设计参数,抗裂优先,兼顾耐久和防腐,首先确保整体工程结构的耐久性,可采取以下措施:

a. 采取角位对中、点面接触原理,结合计算机技术研发高精度的点接触自动变形测量装置,提升了原有测量仪器的测量精度,消除了测量过程中的人为因素干扰,提高了混凝土的测量精确度。

b. 通过测量内约束混凝土的收缩应力,用干燥收缩开裂概率来预测其发展趋势,建立了工程现场混凝土收缩开裂预警系统,混凝土收缩开裂预警系统可直观评价混凝土在不同限制情况下产生收缩裂缝的概率,对设计抗裂混凝土配合比具有指导意义。

c. 模拟工程现场应力监测的实验结果规律性强,与试验室的试验结果完全吻合,为超大型无伸缩缝钢筋混凝土主体结构的设计、材料、施工提供了指导性依据和现场监控手段。

d. 通过约束应力的研究建立了温度收缩应力预警系统,温度收缩应力预警系统可降低大体积混凝土浇筑体的里外温差值,降低混凝土浇筑体的自约束应力,达到防止或控制温度裂缝的目的。

e. 对工程现场大体积混凝土温度监测施工动态反馈分析系统的工作原理进行了研究,确定了监测设备及监测方案。

第3章 深圳福田站地下综合交通枢纽的设计方案

刘卡丁、周勇、于波等教授级高工根据自己多年积累的设计与施工经验，在施仲衡、王振信等老专家的支持和指导下，从20世纪90年代就开始在广州地铁1号线地铁车站率先提出地铁车站结构不设变形缝、伸缩缝的探索性试验。随后在广州其他地铁线、深圳地铁所有的地铁车站结构均不设变形缝，并迅速在全国大部分城市地铁车站推广应用。如今，如果不照搬规范，基本上没有工程师会在地铁车站主体结构设计中提出设置变形缝。这个探索的成功花了二十年，为今天的理论研究提供了"标本"。

广深港客运专线福田站建在新深圳站与香港之间，是专门服务于广深港高端商务乘客的车站，是国内铁路第一座全地下车站。

深圳福田综合交通枢纽工程包含广深港客运专线福田站，地铁2号线、3号线、11号线福田站，南北配套，益田路出租车场站等主要工程，枢纽主体工程全部位于地下。其中广深港客运专线福田站南北主体长1025m，最宽段81.26m，为地下三层箱形框架结构，平均埋深约32.5m，横向最大跨度为21.46m，纵向跨度为12m；地铁2号线、3号线、11号线东西最长约711m，为地下二层多跨箱形框架结构，纵向柱跨9m，横向柱跨10m。地铁结构与广深港客运专线结构十字交叉布置。

中铁第四勘察设计院集团有限公司为福田站地下综合交通枢纽的总设计单位。在工程建设之初，以朱丹、蒋晔、沈学军、沈婷等教授级高工为核心的设计团队，结合工程实际情况和多年积累的工程经验以及前人研究成果，大胆提出了不设变形缝、伸缩缝的设计理念，并通过科技攻关，解决了施工方法、施工步骤、工程材料等系列技术难题，该理念最终在本工程得以应用并取得成功。

3.1 取消永久伸缩缝的依据

为防止建筑构件因温度变化、收缩应力使建筑物出现裂缝或破坏,在沿建筑物长度方向相隔一定距离预留垂直缝隙,这种因温度变化而设置的缝叫做伸缩逢。伸缩缝应满足建筑结构沿水平方向变形的要求和防水要求。深埋地下的深圳福田站的伸缩缝设置关系到车站整体的结构安全及防水效果。

根据《混凝土结构设计规范》(GB 50010)规定,位于土中地下室侧壁类现浇钢筋混凝土结构伸缩缝最大间距为30m,而《地铁设计规范》(GB 5017)未作具体规定。按此计算深圳福田站需设置70多条伸缩缝,可以想象纵横交错的70多条伸缩缝对建筑外观、结构安全、防水质量及施工的不利影响;同时伸缩缝大量使用橡胶止水材料,而橡胶止水带存在老化问题,与深圳福田站百年耐久不相符。

为此,课题组针对广深港客运专线福田站伸缩缝的设置进行了以下计算。

3.1.1 计算参数的确定

1)福田综合交通枢纽结构主要参数

福田综合交通枢纽工程主要由广深港客运专线福田站和地铁2号线、3号线、11号线组成,主要结构方案如下:

广深港客运专线福田站:结构外包总长约1025m,最宽处81.26m,平均埋深约32.5m。采用钢筋混凝土框架结构和型钢混凝土框架结构,结构柱为钢管柱和钢筋混凝土柱,地下三层,单跨到五跨,侧墙厚度1m。横向跨度最大21.6m,纵向跨度12m。

地铁2号线、11号线福田站:结构外包总长约711m,宽约45m,埋深约20m,地下二层五跨钢筋混凝土框架结构,横向跨度约11m,纵向跨度9m,侧墙厚度400mm。

地铁3号线福田站:结构外包总长约198m,宽约26.4m,埋深约25m,地下三层双跨钢筋混凝土框架结构,横向跨度12m,纵向跨度9m。

2)深圳气候条件参数

深圳地处北回归线以南,属亚热带海洋性气候,气候温和,雨量充沛,日照时间长。夏无酷暑,时间长达6个月。春秋冬三季气候温暖,无寒冷之忧。年平均气温为22.3℃,最高气温为36.6℃,最低气温为1.4℃。

3)水泥水化所导致的温差 T_1

$$T_1 = \frac{WQ}{\gamma C} \quad (3-1)$$

式中:W——混凝土单方水泥用量,混凝土水泥用量按 400kg/m³ 计算;

Q——水泥水化热,42.5MPa 普通硅酸盐水泥水化热取 350kJ/kg;

γ——混凝土表观密度,取 2400kg/m³;

C——混凝土比热,取 0.96kJ/(kg·℃)。

4)混凝土干燥收缩率

混凝土干燥收缩率为 $3.24 \times 10^{-4} \cdot m_1 \cdot m_2 \cdot m_3 \cdots m_n$,其中,$m_1,m_2,m_3,\cdots,m_n$ 为修正系数,见表3-1。

混凝土干缩率修正系数表　　　　表3-1

影响因素	影响条件		系数取值
	环境湿度条件	相对湿度(%)	影响系数
相对湿度系数 m_1	干燥条件	40	1.30
	正常条件	60	1.00
	潮湿条件	80	0.75
尺寸影响系数 m_2	构件体积与表面之比 V/S	2.0	1.20
		2.5	1.00
		3.75	0.95
		5.00	0.90
		10.00	0.85
		15.00	0.65
	大体积混凝土		0.40
养护方法系数 m_3	标准养护		1.00
	蒸汽养护		0.80
矿物掺合料掺量影响系数 m_4	粉煤灰	10~20	0.95
		20~40	0.85
	磨细矿渣粉	10~30	1.05
		30~50	0.90
		50~70	0.80
	硅灰	10	1.20

续上表

影响因素	影响条件		系数取值
混凝土强度等级影响系数 m_5	普通混凝土	C20	0.95
		C30	1.00
		C40	1.15
	轻集料混凝土	LC20~LC30	1.00
化学外加剂掺量影响系数 m_6	萘系高效减水剂	0.7%	1.10
		1.0%	1.20
		1.2%	1.30
配筋率影响系数 m_7	μ	0.5%	0.60
		0.8%	0.50
		1.0%	0.40
		1.5%	0.30

5）混凝土收缩当量温差 T_2

$$T_2 = \frac{S_d}{\alpha} \tag{3-2}$$

式中：α——混凝土线膨胀系数，取 $1.0 \times 10^{-5}/℃$；

S_d——混凝土干燥收缩率，%。

6）混凝土弹性模量

C40 混凝土弹性模量 $E = 3 \times 10^4 \mathrm{MPa}$。

3.1.2 取消永久伸缩缝的计算

福田综合交通枢纽深埋地下 32m，使用期车站内使用空调，主体结构温湿度基本恒定，根据深圳市的气候条件，福田站主体结构与环境温度变化在 20℃ 内，湿度变化也较小。结构混凝土施工完毕到车站交付使用按 1 年计算，此期间混凝土收缩已完成，使用期内可不考虑混凝土收缩应力的影响，仅对温度应力进行计算。

由约束应力的研究中知道最大应力 $\sigma_{\max}$ 为：

$$\begin{cases} \sigma_{\max} = -E\alpha T \left(1 - \dfrac{1}{\cosh\beta \dfrac{L}{2}}\right) \\ \beta = \sqrt{\dfrac{C_x}{HE}} \end{cases} \tag{3-3}$$

式中：C_x——水平阻力系数，N/mm^3；

H——板厚，mm；

E——混凝土弹性模量，MPa；

L——结构物的长度，mm；

cosh——双曲线余弦函数的反函数；

α——混凝土线膨胀系数，为 $1.0 \times 10^{-5}/℃$；

T——仅考虑混凝土温差的综合温差。

考虑到混凝土引起的应力松弛作用，结构承受的应力为：

$$\sigma = -E\alpha T\left(1 - \frac{1}{\cosh\beta \frac{L}{2}}\right)H(t,\tau) \tag{3-4}$$

式中：$H(t,\tau)$——混凝土徐变松弛系数，一般为 $0.3 \sim 0.5$。

结构长度超过 $50 \sim 100m$ 范围后，构造因子 $S = 1 - 1/(\cosh\beta L/2)$ 趋于常数 1，为了简化计算，偏于安全地取构造因子 S 为 1，结构承受的应力变为：

$$\sigma = -E\alpha T H(t,\tau) \tag{3-5}$$

考虑到福田站深埋地下 32m，土中温度、湿度变化极其缓慢，取应力松弛系数 $H(t,\tau)=0.3$，混凝土弹性模量 E 取 $3 \times 10^4 MPa$，结构温差取极限温差 20℃，福田站结构承受的应力为：

$$\sigma = -E\alpha T \cdot H(t,\tau) = 1.8 MPa$$

根据有效补偿混凝土收缩应力的研究可知：掺有膨胀剂的混凝土 14d 产生 1.2MPa 的膨胀压应力，在 180d 以后，混凝土仍然处于受压状态，内部残存约 0.5MPa 的膨胀自应力，内部残存膨胀压应力，可以补偿部分温差导致的温度拉应力。膨胀剂对多元复合胶凝材料混凝土收缩应力的影响如图 3-1 所示。

实际使用期福田站由于温度变化所承受的收缩应力为：

$$\sigma = 1.8 - 0.5 = 1.3 MPa$$

C40 混凝土的 1 年抗压拉强度不低于 50MPa，混凝土抗拉强度按《混凝土结构设计规范》(GB 50010)提供的公式进行计算，通过计算可知，福田站主体结构承受的温度应力小于混凝土抗拉强度，结构不会因为温差导致的温度应力开裂，使用期内不设伸缩缝可以满足使用要求。

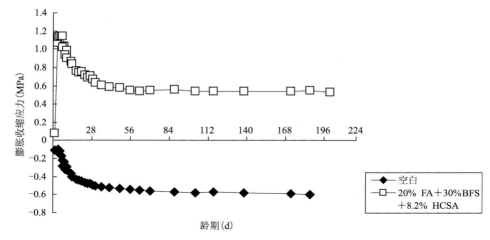

图 3-1　膨胀剂对多元复合胶凝材料混凝土收缩应力的影响

3.2　福田综合交通枢纽抗裂措施

福田综合交通枢纽具有超长、超宽、超厚、长高比大、施工周期长等特点,建设期间承受较大的温度收缩应力、干燥收缩应力。课题组针对福田综合交通枢纽的特点,在不设永久伸缩缝的条件下,以控制主体结构不出现有害裂缝为目标,对结构形式、抗裂材料、施工要求、现场监测以及裂缝处理预案进行了研究。

由前述研究可知,收缩应力随着建筑物长高比 L/H 的降低而显著下降,遵循"放"的原则,在福田综合交通枢纽主体结构施工过程中设置后浇带、施工缝、膨胀加强带等施工连接缝,把超大超长结构分成若干个低长高比的区段,这些连接缝一方面是施工工艺的需要,一方面又可有效地释放收缩应力,待早期剧烈的水化温度应力和收缩应力释放后,把这些区段浇成整体,以实现控制裂缝的目的。

1）施工连接缝的间距

$$\begin{cases} [L] = 1.5\sqrt{\dfrac{EH}{C_x}}\operatorname{arcosh}\dfrac{|\alpha T|}{|\alpha T|-\varepsilon_p} \\ \beta = \sqrt{\dfrac{C_x}{HE}} \end{cases} \quad (3\text{-}6)$$

式中：C_x——水平阻力系数,N/mm³；

H——板厚,mm；

E——混凝土弹性模量,MPa;

L——结构物的长度,mm;

arcosh——反双曲线余弦函数;

α——混凝土线膨胀系数,为 $1.0 \times 10^{-5}/℃$;

ε_p——混凝土极限延伸率,$\times 10^{-4}$;

T——综合温差,$T = T_1 + T_2 - T_3$;

T_1——混凝土因水泥水化引起的温升值;

T_2——混凝土收缩当量温差;

T_3——混凝土膨胀当量温差。

通过采用表3-2所示的高效减水剂与传统矿物外加剂组成的多元胶凝材料、高性能膨胀剂、抗裂纤维等抗裂材料,可降低混凝土温度应力、干缩应力,提供膨胀应力,提高混凝土极限延伸率 ε_p。

抗裂材料及作用　　　　　　　　　　表3-2

抗 裂 材 料	作　用
高效减水剂、粉煤灰、磨细矿渣粉多元复合胶凝材料	减少温度应力20%~40%;减少收缩应力20%~50%
硫铝酸钙类高性能膨胀剂	硬化期提供限制膨胀率0.03%~0.05%,提供膨胀应力,避免硬化中后期出现裂缝
纤维素抗裂纤维	提供"次要加强筋"的分散应力作用,避免塑性阶段、硬化初期出现裂缝

以抗裂材料为基础的墙体施工连接缝间距如下:

(1)水化温差 T_1

$$T_1 = \frac{400 \times 350}{2400 \times 0.96} = 60℃$$

通过合理调配胶凝材料组分,可有效降低水化温差 T_1 的20%以上,由此得到:

$$T_1 = 60 \times 0.8 = 48℃$$

(2)混凝土收缩当量温差 T_2

混凝土干缩率影响系数 $m_1 = 1.0, m_2 = 0.9, m_3 = 1.0, m_5 = 1.15, m_6 = 1.2, m_7 = 0.6$,得出混凝土干缩率 $S_d = 2.4 \times 10^{-4}$,多元矿物外加剂复合使用,混凝土收缩应力可减少20%以上,由此得到:

$$T_2 = \frac{S_d}{\alpha} = 24 \times 0.8 = 19.2℃$$

(3)引入的膨胀当量温差 T_3

引入的限制膨胀率 $\varepsilon_2 = 0.03\%$,试件与工程构件的差异折算系数取 50%,得到:

$$T_3 = \frac{\varepsilon_2}{\alpha} = 15℃$$

(4)混凝土综合温差 T

$$T = T_1 + T_2 - T_3 = 48 + 19.2 - 15 = 52.2℃$$

(5)极限延伸率 ε_p

考虑混凝土缓慢的升温、降温过程及纤维的作用,混凝土极限延伸率提高 50%,即:

$$\varepsilon_p = 1.5 \times (1 + 0.5) \times 10^{-4} = 2.25 \times 10^{-4}$$

(6)其他参数

$$C_x = 1.5\text{N/mm}^3, E = 3 \times 10^4 \text{MPa}, H = 31000\text{mm}$$

(7)施工连接缝的间距

$$[L] = 1.5\sqrt{\frac{EH}{C_x}}\text{arcosh}\frac{|\alpha T|}{|\alpha T| - \varepsilon_p} = 1.5 \times \sqrt{\frac{30000 \times 31000}{1.5}}$$

$$\text{arcosh}\frac{52.2 \times 10^{-5}}{52.2 \times 10^{-5} - 2.25 \times 10^{-4}} = 1.5 \times 24900 \times 1.758 = 65661\text{mm}$$

选取 60m 作为施工连接缝间距。

2)施工连接缝的留置时间

为有效控制混凝土温度收缩应力和干燥收缩应力,补偿混凝土收缩、分散收缩应力,进行了传统水泥混凝土体系与本书提出的低热微膨胀体系的水化热、收缩率、膨胀率的试验研究,试验结果见表 3-3、图 3-2 和图 3-3。

混凝土早期收缩数据   表 3-3

水灰比	不同时间占总收缩值的比例(%)			
	7d	14d	28d	56d
0.47	36.3	54.2	78.4	91.8
0.37	38.9	54.6	80.1	91.8

表 3-3 结果显示:C30~C40 现代混凝土具有早期收缩大的特点,14d 已完成总收缩的 50% 以上,施工连接缝留置 14~28d 可释放早期的收缩应力。

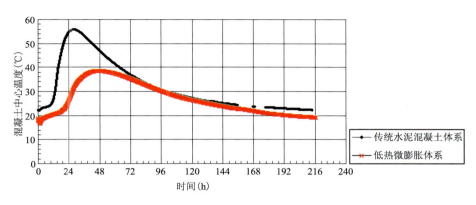

图 3-2　低热微膨胀混凝土的水化热变化曲线

图 3-2 表明采用低热微膨胀体系的水化热无论在水化热峰值还是升温降温速度明显低于传统水泥混凝土，在 10d 内混凝土水化热与环境温度接近，表明水化热得以释放。

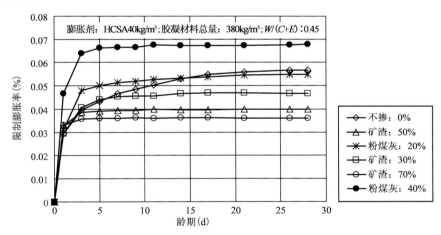

图 3-3　矿物外加剂种类、养护时间与混凝土膨胀率的关系

而图 3-3 则说明了低热微膨胀体系的混凝土膨胀稳定期均为 7~14d，在此期间已完成 0.03%~0.07% 的有益膨胀，可有效地补偿混凝土收缩应力和温度收缩应力。

综合以上结果，我们确定施工连接缝的留置时间应根据施工需要确定，但不得早于 14d。

3）后浇带施工连接缝形式

（1）后浇带的间距及位置。沿基础长度每隔 50~60m 留置贯通顶板、底板及墙板的后浇带,后浇带宜设置在柱距3等分的中间范围内。

(2)后浇带构造。

宽度:后浇带宽度不小于800mm。后浇带宽与墙、板厚度有关,对底板厚度超过1m以上的,可根据后浇带处的接槎形式、钢筋搭接、施工难易程度等灵活掌握,当施工较困难时,后浇带宽可适当增加。

断面形式:当墙、板厚度小于30cm时,可做成平直缝;当厚度大于30cm小于60cm时,可做成阶梯形或上下对称坡口形;当墙、板厚度大于60mm时,可做成企口缝,后浇带两侧设置埋入式止水带或止水条。

钢筋:带有沉降性质的后浇带钢筋应贯通;收缩后浇带钢筋断开为好;梁板结构的板筋断开,梁筋贯通断开的主筋搭接长度应大于45倍主筋直径。

填充混凝土:后浇带混凝土的设计强度等级比两侧混凝土提高一个强度等级,限制膨胀率提高0.01%。后浇带混凝土的养护时间不得少于28d。

(3)后浇带留置时间。《地下工程防水技术规范》(GB 50108)要求后浇带应在其两侧混凝土龄期达到42d后施工,考虑到深圳福田站主体结构的抗裂材料措施,后浇带留置时间不少于28d,底板、顶板大体积混凝土需待两侧混凝土中心温度降至环境温度时再浇筑。

3.3 采用抗放技术的施工期抗裂计算

正如前述,通过采取表3-4所示的抗放措施,在施工期间缝释放了结构温度应力、收缩应力,降低了混凝土温度应力、干缩应力,引入了有益膨胀变形,提高了混凝土极限延伸率。而我们关心的是,深圳福田站超长地下深埋结构在建设期是否会产生裂缝,为此,针对福田站底板、墙体进行了计算。

深圳福田站主要抗放措施　　　　表3-4

技术路线	措　　施	作　　用
放	设置施工连接缝分段施工	释放温度应力40%~80%;释放收缩应力30%~50%
抗	细密配筋+抗裂构造钢筋	提高混凝土极限延伸率
	多元复合胶凝材料	减少温度应力20%~40%;减少收缩应力20%~50%。
	膨胀剂	硬化期提供限制膨胀率0.03%~0.05%
	抗裂纤维	"次要加强筋"的分散应力作用

3.3.1 底板

1）水化温差 T_1

$$T_1 = \frac{400 \times 350}{2400 \times 0.96} = 60℃$$

施工连接缝释放大体积底板混凝土的水化热40%以上。

从混凝土温度收缩应力的研究结果可知,通过合理调配胶凝材料组分,实现降低水化热和混凝土水化热温升,可有效降低水化温差 T_1 的20%以上。

$$T_1 = 60 \times 0.6 \times 0.8 = 28.8℃$$

2）混凝土收缩当量温差 T_2

施工连接缝可释放混凝土收缩总量的30%,而采取多元矿物外加剂复合使用,混凝土收缩应力可减少20%以上,由此,$T_2 = 11 \times 0.7 \times 0.8 = 6.2℃$。

3）膨胀当量温差 T_3

引入的限制膨胀率 $\varepsilon_2 = 0.03\%$,考虑到试件与工程构件的差异,折算系数取50%,$T_3 = 15℃$。

4）混凝土综合温差 T

$$T = T_1 + T_2 - T_3 = 28.8 + 6.2 - 15 = 20℃$$

5）极限延伸率 ε_p

混凝土温度收缩应力研究表明,多元胶凝材料使混凝土升温、降温速度明显呈缓慢趋势,考虑到混凝土较长时间的升温、降温特征,抗裂纤维"次要加强筋"的分散应力作用,混凝土极限延伸率偏于安全地按提高50%计算,即:

$$\varepsilon_p = 1.5 \times 10^{-4} \times 1.5 = 2.25 \times 10^{-4}$$

6）伸缩缝间距

当 $|\alpha T| < \varepsilon_p$ 时,表明底板混凝土收缩应力小于混凝土抗拉强度,混凝土不会开裂,底板可以取消永久伸缩缝。

$$[L] = 1.5\sqrt{\frac{EH}{C_x}} \operatorname{arcosh} \frac{|\alpha T|}{|\alpha T| - \varepsilon_p} = \infty$$

3.3.2 墙体

1）水化温差 T_1

$$T_1 = \frac{400 \times 350}{2400 \times 0.96} = 60℃$$

墙体表面大,施工连接缝可释放墙体混凝土的水化热60%以上。通过合理调配胶凝材料组分,可有效降低水化温差 T_1 的20%以上,由此:

$$T_1 = 60 \times 0.4 \times 0.8 = 19.2℃$$

2)混凝土收缩当量温差 T_2

施工连接缝可释放混凝土收缩总量的30%,而采取多元矿物外加剂复合使用,混凝土收缩应力可减少20%以上,由此,$T_2 = 24 \times 0.7 \times 0.8 = 13.4℃$。

3)膨胀当量温差 T_3

引入的限制膨胀率 $\varepsilon_2 = 0.03\%$,试件与工程构件的差异折算系数取50%,$T_3 = 15℃$。

4)混凝土综合温差 T

$$T = T_1 + T_2 - T_3 = 19.2 + 13.4 - 15 = 17.6℃$$

5)极限延伸率 ε_p

考虑混凝土缓慢的升温、降温过程及纤维的作用,混凝土极限延伸率 $\varepsilon_p = 2.25 \times 10^{-4}$。

6)其他参数

$C_x = 1.5 N/mm^3$,$E = 3 \times 10^4 MPa$,$H = 31000mm$。

7)伸缩缝间距

$|\alpha T| < \varepsilon_p$,墙体混凝土不会开裂,取消伸缩缝。

采用结构释放、材料抵抗的抗放兼施技术路线,使收缩应力小于混凝土的抗拉强度,取消建设期的伸缩缝。

3.4 福田枢纽主体结构设计

如前所述,深圳福田综合交通枢纽工程是一项全部位于地下的综合交通工程,枢纽的主要工程纵横交错,涉及两个建设单位,两个施工总承包单位,枢纽所在地位于深圳市已建成的繁华中心区,深圳市的主干道深南大道和益田路。做好施工组织,保证中心区的正常运转和城市道路的基本畅通是建设者必须解决的难题。为此,确立整体设计,整体进行施工组织的思路,对施工场地,交通疏解,管线迁改,主体工程施工等进行了全面的部署和安排,有效地解决了难题。

地铁3号线福田站沿民田路布置,位于民田路与深南大道交叉口,车站为地下三层,侧式站台,车站埋深约24.0m,广深客运专线深圳福田站沿益田路布置,位于福中一路与福华三路之间,车站为地下三层,四个岛式站台,车站埋深约31m。

地铁2号、11号线福田站平行布置于深南大道北侧,为地下二层站。车站西端为3号线福田站地下二层,与3号线十字换乘;东端从广深港客运专线福田站地下二层穿过。为便于2号、3号、11号线间的换乘,本方案2号、11号线站台与3号线站台十字交叉布置,地下一层为三线车站共用站厅层。

根据工程筹划,地铁2号线福田站两端盾构吊出,3号线福田站南端区间过深南大道段采用矿山法施工、北端盾构始发。

地铁2号、3号、11号线福田站场地范围内,深南大道总宽约197m,单向主车道宽约16m,两侧各设一辅道,宽约8m,其余为绿化带。车站主要布置在深南大道北侧,2号、11号线福田站并排设置,总宽(含围护结构)45.0m,3号线福田站沿民田路布置,车站南端进入深南大道约151m。

广深港福田站沿益田路南北敷设,基坑长1025m,从北到南依次跨越福中三路、深南大道、福华一路;车站在深南大道与2号、11号线车站相交。南北配套位于深南大道2号、11号线车站主体南北两侧,广深港福田站和3号线主体之间,埋深与地下一层相当,局部设夹层。益田路广深港福田站东侧设出租车场站,为地下一层敞开结构。

根据枢纽布局及场地条件,结合交通疏解方案,对施工场地及施工组织进行了全方位的研究,统筹整个枢纽工程的施工组织设计。首先确定了保证南北东西向道路畅通,局部封闭南北向道路的原则,利用分期倒边施工,合理分配施工场地。福中三路及福华一路采用盖挖顺作法施工,深南大道采用倒边施工的方法。整个枢纽工程以深南大道的交通组织参照,总体上分为两期。一期深南大道主车道北移至深南大道北侧绿化带,施工3号线福田站过深南大道主车道段,施工2号、11号线主体工程及与广深港客运专线福田站相交部分,广深港客运专线福田站处深南大道交通疏解占用的部分,东西向道路盖挖顺作法施工部分;二期利用深南大道南侧主车道及中间绿化带作为疏解道路,施工枢纽剩余工程。

由于施工组织统筹协调有力,施工组织合理,确保了施工期间对深圳市的交通没有产生大的负面影响,各部分工程如期完工。

3.4.1 设计原则

福田枢纽主体结构的设计原则如下：

①地下结构设计应满足城市规划、行车运营、施工、防水、防火、防腐蚀等要求；结构按设计使用年限 100 年的要求进行耐久性设计，结构设计应保证结构在施工及使用期间具有足够的强度、刚度和稳定性。

②地下结构设计根据结构或构件类型、使用条件及荷载等，选用与其特点相近的结构设计规范和设计方法，符合强度、刚度、稳定性、抗浮和裂缝开展宽度验算的要求，结合施工监测进行信息化设计。结构的抗浮应按结构使用寿命过程中可能发生的最高地下水位进行检算。

③地下结构设计应根据工程地质和水文地质条件及城市总体规划要求，结合周围地面既有建筑物、管线、道路交通状况以及区间隧道施工方法，通过对技术、经济、环保及使用功能等方面的综合比较，合理选择施工方法和结构方案。

④地下结构的净空尺寸除满足建筑限界和建筑设计要求外，尚应考虑施工误差、测量误差、结构变形及后期沉降的影响。其值可根据地质条件、结构类型、施工工序等条件并参照类似工程的实测值予以确定。

⑤地下结构设计应分施工阶段和使用阶段，按照承载能力极限状态及正常使用极限状态的要求，进行承载力、稳定、变形、抗浮及裂缝宽度等方面的验算。结构计算中，应考虑施工中已形成的支护结构的作用。

⑥深基坑工程设计应根据国家有关规范、深圳市地方法规的要求，结合车站周边不同的环境条件等采取相应的技术措施。严格控制工程施工引起的地面沉降量，其允许数值应根据地铁沿线不同地段的地面建筑及地下构筑物等的实际情况确定，并因地制宜地采取措施。

⑦地下结构防水应满足国家颁发的《地下工程防水技术规范》（GB 50108）的有关规定。并充分考虑深圳地区气候条件对施工操作的影响。

⑧在近期工程与远期工程交汇处，近期工程的设计与施工应为远期工程创造有利的条件。

⑨根据国家及深圳市有关规定和标准，车站结构抗震设防烈度 7 度，结构抗震等级为三级，重点设防类建筑，结构设计时按 8 度的要求加强其抗震措施，以提高结构的整体抗震能力。

⑩地下结构人防按平战转换进行设计,应具有战时防护功能,满足6级人防结构抗力要求。

⑪地下结构应根据《地铁杂散电流腐蚀防护技术规程》(CJJ 49)采取防止杂散电流腐蚀的措施。钢结构及钢连接应进行防锈处理。

3.4.2 工程地质

1) 地形地貌

原始地貌为冲洪积平原区,其地势平坦。车站范围内现地面高程约为14.5m,地面自然坡度为0°~5°,相对高差小于1m。经过多年的城市规划改造,地形变化较大,车站场地现为东西走向的深南大道,交通繁忙。

2) 地质构造

拟建场地位于区域内一条走向约北东、倾向南西、倾角约60°的福田—梅林断裂西南侧,资料表明在钻孔 Z_3-2SFT-17号、Z_3-2SFT-27号、Z_3-2SFT-28号揭露断层角砾及断层泥,揭示在场地北部广深港客运专线与地铁二号线交汇处发育 F_2 断层(九尾岭断裂)及其次生断层 F_{2-1},宽度为6~8m,F_2 断层为正断层,为一轻微活动性断层,最新活动时代为 Q_2,该断裂活动性属Ⅲ类,断层对围岩整体稳定性影响微弱,但降低了岩体强度。本次钻探揭露情况表明,场地内除局部岩石较破碎外,其他孔均未见有受断裂构造影响迹象。区域稳定性评价结果显示,场地内发育的 F_2 及 F_{2-1} 断层活动微弱,活动量级对地铁车站工程有一定的影响,但只要工程采取相应的结构措施,可以降低影响程度,保证工程顺利施工及运营。本工程场地是稳定的,适宜工程的建设。

3) 岩、土分层及其特征

①不同的岩、土类别,如砂、黏性土、风化岩层等。

②岩土不同的成因时代,如全新统冲洪积层、残积层等。

③岩土不同的状态,如可塑的残积土、硬塑的残积土等。

说明:花岗岩的残积土的物理力学指标及力学性质变化范围较大,可将残积土分为软塑、可塑、硬塑三层,分层依据为:标贯实测击数 $N \leq 8$ 的为软塑状残积土 <8-1>,$8 < N < 15$ 的为可塑状残积土 <8-2>,$15 \leq N < 30$ 的为硬塑状残积土 <8-3>。深圳地铁2号线花岗岩类风化层划分依据为:标贯实测击数 $30 \leq N < 50$ 的为全风化 <9-1>;标贯实测击数 $N \geq 50$ 的为强风化层。强风化层划分为两个亚层,其中,岩芯呈坚硬土柱状的为<9-2-1>,岩芯呈角砾状或半岩半土状的为<9-2-2>。

按上述分层依据,结合本工程地质断面,划分岩土层。每个岩土层描述如下:

① <1-1> 素填土(Q_4^{ml})。颜色较杂,有褐黄色、褐红色、棕红色、灰黄色、棕灰色等色,稍湿,松散至稍密,主要由粉质黏土组成,局部含少量砂粒或砾石。普遍分布于深南大道路面及其绿化带表层,厚1.2～4.7m。

② <5-1-2> 粉质黏土(Q_4^{al+pl})。灰黄色、棕灰色、棕黄色,软塑状,手可搓成细条,干强度高,一般黏性较强,夹少量粉细砂,局部含少量细砾。其中SZM2-Z2-235号孔5.00～6.50m土层呈灰黑色,含少量有机质。土层厚度变化较大,厚0～3.6m。

③ <5-1-3> 粉质黏土(Q_4^{al+pl})。灰黄色、红褐色、紫红色,可塑状,手可搓成细条,干强度高,局部含少量粉细砂。一般分布于冲洪积砂层之上,其中SZM2-Z2-234号孔缺失该层,厚度变化较大,厚0～9.0m。据SZM2-Z2-232号和SZM2-Z2-233号孔揭示,钻孔附近粉质黏土中夹有一层厚1～3m的砂层。

④ <5-2-2> 细砂(Q_4^{al+pl})。灰黄色、浅灰色、黄褐色,松散,饱和,砂质不均匀,局部含少量细砾或中粗砂,厚度变化大,厚0～3.3m。其中SZM2D-Z1-28和SZM2-Z2-235号孔缺失该层,局部呈透镜体夹于粉质黏土中。

⑤ <5-2-3> 中砂(Q_4^{al+pl})。浅灰色、灰黄色,松散至稍密,饱和,含少量黏粒,分选性一般,局部含细砾5%～10%。该阶段仅SZM2-Z2-232号和SZM2-Z2-233号钻孔揭示出该层,中砂多呈透镜体状分布,分布不均匀,厚0～4.6m。

⑥ <5-2-4> 粗砂(Q_4^{al+pl})。灰色、棕黄色,饱和,松散,上部含少量有机质,局部见细砾,含黏粒,分选性一般。该阶段仅SZM2-Z2-234号钻孔揭示出该层,呈透镜体状分布于粉质黏土之下,厚约0～3.9m。

⑦ <5-2-5> 砾砂(Q_4^{al+pl})。灰黄色、浅灰色,稍密至中密,砾石占30%～40%,偶夹卵石,下部与花岗岩残积土接触。该阶段仅SZM2D-Z1-28号、SZM2-Z2-233号和SZM2-Z2-235号钻孔揭示出该层,层厚变化较大,厚0～5.3m。

⑧ <8-2> 砾质黏土(Q^{el})。紫色、褐红、灰黄夹灰白色、灰黄色,湿,可塑,由下伏基岩残积而成,有砂感,偶夹细砾。主要分布在冲洪积砂层之下,仅SZM2D-Z1-28号和SZM2-Z2-233号钻孔揭示出该层,层厚变化较大,厚0～3.5m。

⑨ <8-3> 砾质黏土(Q^{el})。肉红色、黄褐色、褐红、灰黄夹灰白色,硬塑状,由下伏基岩残积而成,岩芯呈土柱状。遇水软化、崩解。主要分布在冲洪积层之下,全风化花岗岩之上。层厚变化较大,厚0.5～5.3m。

⑩ <9-1> 全风化花岗岩(γ_5^3)。褐黄色、肉红色、灰黄色,原岩结构清晰,岩芯呈坚硬土柱状,除石英外,其他矿物基本风化为黏性土,遇水软化、崩解。车站范围内呈层状分布,厚 1.7~7.4m,埋深 12.0~18.5m。

⑪ <9-2-1> 强风化花岗岩(γ_5^3)。褐黄色、肉红色、紫红色、黄褐色,岩芯呈坚硬土柱状,风化不均匀,局部夹角砾状强风化碎石,手可折断,遇水软化崩解。场地内呈层状分布于残积土或 <9-1> 之下,<9-2-2> 或 <9-3> 之上,厚度变化大,一般厚 6.58~15.5m,埋深 15~23.5m。其中 SZM2-Z2-232 号和 SZM2-Z2-234 号钻孔未揭穿该层。

⑫ <9-2-2> 强风化花岗岩(γ_5^3)。上部肉红色、褐黄色,长石矿物高岭土化,下部浅灰色、灰绿色,长石矿物多已绿泥石化。岩芯呈碎块状,少量短柱状,岩块手可折断。节理裂隙发育,裂面有铁锰质渲染。底部 0.40m 具挤压破碎现象。场地内仅 SZM2-Z2-235 号钻孔揭示出该层(未揭穿),分布于 <9-2-1> 之下,厚度大于 0.7m,埋深 34.8m。

⑬ <9-3> 中等风化花岗岩(γ_5^3)。浅肉红、灰白色夹灰黑色、黄褐色,粗粒结构,岩芯呈碎块状,较坚硬,锤击易碎。长石矿物多已高岭土化,裂隙发育。场地内仅 SZM2D-Z1-28 号和 SZM2-Z2-233 号钻孔揭穿该层,分布于强风化与微风化之间。顶面埋深一般大于 29.5m。

⑭ <9-4> 微风化花岗岩(γ_5^3)。灰白色夹肉红色,主要矿物成分为石英、长石、云母等,粗粒结构,块状构造,裂隙稍发育,呈闭合状,裂面平直,锤击声脆,岩质坚硬,岩芯多呈短柱状至长柱状,局部呈碎块状。场地内仅 SZM2D-Z1-28 号和 SZM2-Z2-233 号钻孔揭示出该层(未揭穿),分布于 <9-3> 之下,顶面埋深一般大于 31.0m。

4) 不良地质与特殊岩土

不良地质主要表现为砂土液化,本次勘察阶段车站范围内在 SZM2-Z2-232 号和 SZM2-Z2-234 号钻孔内揭穿约 3.30m 厚的细砂层,按《建筑抗震设计规范》(GB 50011)的规定,判断为液化土。勘察结果显示,砂层位置较浅,且后期商业开发将车站南北两侧的砂层挖除,故不需要采取抗液化措施。

特殊岩土为人工填土、软土、花岗岩风化岩及残积土。

(1) 人工填土

颜色较杂,有褐黄色、褐红色、棕红色、灰黄色、棕灰色等色,稍湿,松散至稍密,主要由粉质黏土组成,局部含少量砂粒或砾石。普遍分布于深南大道路面及其绿化带表层，厚1.2~4.7m。土质较差，对基坑开挖有一定影响。

（2）软土

在勘察过程中，车站范围内揭示出软塑状粉质黏土，分布于人工填土之下，土层厚度变化较大，厚0~3.60m，设计中应考虑软土对基坑开挖的影响及震陷等问题。

（3）花岗岩风化岩及残积土

花岗岩残积层均匀性较差，强度不一，接近地表残积土受水的淋滤作用，形成网纹结构，土质较坚硬，而其下强度较低，再下由于风化程度减弱强度逐渐增加。花岗岩残积层及全风化具有遇水软化、崩解，强度急剧降低的特点，基坑开挖中应及时封底、支护；强风化岩具有软硬不均的特点。

花岗岩风化残积土，厚度变化幅度大，福田站主要位于残积层<8-3>和风化岩层<9-1>、<9-2-1>中。车站坑壁为素填土、残积土、全风化花岗岩、强风化花岗岩。因原始地面影响，基岩面起伏较大，坑壁软硬不均。特别是残积土、全（强）风化岩具有遇水软化、崩解，强度急剧降低的特点。

花岗岩残积土颗粒成分具有"两头大，中间小"的特点，即颗粒成分中，粗颗粒（>0.5mm）的组分及颗粒小（<0.005mm）的组分的含量较多，而介于其中的颗粒成分则较少。这种独特的组分特征，使其既具有砂土的特征，亦具黏性土特征，同时也为小颗粒从大颗粒的孔隙中涌出提供可能性，因此当动水压力过大时，容易产生管涌、流土等渗透变形现象。应采取有力的止水措施，避免残积土及风化岩遇水强度降低，甚至产生管涌、流土等渗透变形现象。

5）场地地震基本烈度

根据《中国地震动参数区划图》（GB 18306），深圳地铁2号线通过地区的地震动峰值加速度为0.10g，抗震设防烈度为7度。

6）岩土力学参数

（略）

7）水文地质

（1）地表水及地下水赋存

车站范围内地表水不发育。地下水主要表现为第四系孔隙水、基岩裂隙水。

第四系孔隙水主要赋存于冲洪积砂层及残积层砾质黏土层中。地下水埋深为1.60~5.70m，含水层厚为6.20~12.40m，主要由大气降水补给，水量不丰富，水质易被污染。

岩层裂隙水较发育,广泛分布在花岗岩的中~强风化带、构造节理裂隙密集带中。富水性因基岩裂隙发育程度、贯通度及胶结程度、与地表水源的连通性而变化,主要由大气降水、孔隙潜水补给,局部微承压。

(2)水化学特征

车站范围内地表水不发育,取车站 SZM2-Z2-233 号孔钻孔水作水质分析,本段地下水腐蚀性评价宜按Ⅱ类场地环境类型考虑。该水的水质类型为 HCO_3^--Na^+ 型,按《岩土工程勘察规范》(GB 50021)标准判定,对混凝土结构、钢筋混凝土中的钢筋无腐蚀,对钢结构具弱腐蚀性。

根据《铁路混凝土结构耐久性设计暂行规定》(铁建设〔2005〕157号),环境作用类别为化学侵蚀时,水对混凝土结构无腐蚀性。

(3)岩土的富水性及渗透系数

本车站地层在基坑开挖时垂直剖面自上而下为人工填土、冲洪积层、残积层、基岩全风化层、强风化层。富水性及渗透系数见表3-5。

富水性及渗透系数 表3-5

岩土分层	岩 土 名 称	厚度(m)	渗透系数 K	透水性类别
<1-1>	人工素填土	1.2~4.7	0.05	弱透水
<5-1-2>	软塑状粉质黏土	0~3.6	0.05	弱透水
<5-1-3>	硬塑状粉质黏土	0~9.0	0.05	弱透水
<5-2-2>	细砂	0~3.3	10	强透水
<5-2-3>	中砂	0~4.6	15	强透水
<5-2-4>	粗砂	0~3.9	20	强透水
<5-2-5>	砾砂	0~5.3	25	强透水
<8-2>	可塑状砾质黏土	0~3.5	0.25	弱透水
<8-3>	硬塑状砾质黏土	0.5~5.3	0.50	弱透水
<9-1>	全风化花岗岩	1.7~7.4	0.75	弱透水
<9-2-1>	强风化花岗岩	6.58~15.5	1	弱透水

3.4.3 结构方案的选择

地铁3号线福田站沿民田路布置,位于民田路与深南大道交叉口,车站为地下三层,侧式站台,车站埋深约24.0m。广深港客运专线深圳福田站沿益田路布置,位于福中一路与福华三路之间,车站为地下三层,四个岛式站台,车站埋深约31m。

地铁2号、11号线福田站平行布置于深南大道北侧,为地下二层站。车站西端为3号线福田站地下二层,与3号线交叉换乘;东端从广深港客运专线福田站地下二层穿过。为便于2号、3号、11号线间的换乘,本方案2号、11号线站台与3号线站台十字交叉布置,地下一层为三线车站共用站厅层。

根据工程筹划,2号线福田站两端盾构吊出,3号线福田站南端区间过深南大道段采用矿山法施工、北端盾构始发。

地铁2号、3号、11号线福田枢纽站场范围内,深南大道总宽约197m,单向主车道宽约16m,两侧各设一辅道、宽约8m,其余为绿化带。车站主要布置在深南大道北侧,2号、11号线福田站并排设置,总宽(含围护结构)45.0m;3号线福田站沿民田路布置,车站南端进入深南大道约151m。在保持深南大道交通畅顺的情况下,场地内完全具备在深南大道倒边施工的条件。深南大道以北的民田路目前为建筑施工场地,尚处于未开工或基坑开挖阶段,道路车流量较少,可暂时封闭道路。

根据车站布置形式及场地条件,地铁车站采用两期施工。一期深南大道主车道北移至深南大道北侧绿化带,施工3号线福田站过深南大道主车道段,采用盖挖顺作法施工;二期利用深南大道南侧主车道及中间绿化带作为疏解道路,施工车站其余结构工程,采用明挖顺作法施工。

综合工期、经济、场地周边情况等因素,为保证区间盾构始发、吊出节点工期及各线总工期的要求,本方案3号线福田站过深南大道主车道段采用盖挖顺作法施工,其余结构工程采用明挖顺作法施工。

1)围护结构方案

(1)围护结构方案比较

地下车站的施工方法确定后,其经济性主要决定于围护结构的形式。地下围护结构的形式,除满足受力和使用要求外,还与施工方法、施工工艺和所采用的大型施工机械有相当的依存关系,其最终方案应建立在多方案的比选基础上。根据场地工程地质及水文地质情况,本工程可选用如下几种围护形式。

①地下连续墙。地下连续墙是于基坑开挖之前,用特殊挖槽设备在泥浆护壁之下开挖深槽,然后下钢筋笼浇筑混凝土形成的地下土中的混凝土墙。地下连续墙作为围护墙有下述优点:

a.施工时振动小、噪声低,可减小对周围环境的影响,能紧邻建筑物和地下管线施工。

b. 地下连续墙刚度大、整体性好、变形相对较小,可用于深基坑,以及周边建筑密集的软土地层。

c. 地下连续墙为连续整体结构,施工时处理好接头部位,有较好的抗渗止水作用。

地下连续墙的缺点在于成本较高,而且施工时需作泥浆护壁,泥浆要妥善处理,否则影响环境。

② 钻孔灌注桩+止水帷幕。钻孔灌注桩作桩排式围护结构,其优点在于刚度大、布置灵活,可作为永久结构的一部分。不足之处在于桩间止水性能差,需在桩间设置止水帷幕作隔水处理,一般采用旋喷桩。

③ 钻孔咬合桩。当钻孔桩采用全套管钻进时,可以做到桩间切割咬合,此时桩钢筋笼间隔设置,可作为永久结构的一部分。该方法比钻孔灌注桩节省了止水帷幕和部分钢筋工程量,该法特点如下:

a. 无须排放泥浆,近于干法成孔,机械设备噪声低、无振动,大大减少工程施工时对环境的污染。

b. 沉降及变位容易控制,能够紧邻相近的建筑物、地下管线施工。

c. 全套管地跟管钻进及其掘进方法,有效地防止了孔内流沙、涌泥,并可进行嵌岩,保证了成桩质量。

d. 第二步施工的桩在已有的第一步施工的两桩间实施切割咬合,全套管的护孔方式保证了桩间紧密咬合,形成良好的整体连续结构。

④ 土钉支护。土钉墙支护的作用机理是通过土钉对土体的加固作用,使土钉与土体共同工作,形成了能大大提高原状土强度和刚度的复合土体,提高土坡的整体稳定性,以达到支护目的。其主要优点是施工速度快,造价省。一般用于深度小于 $10m$ 的基坑,配合锚索、微型桩等形成复合土钉后,其围护深度还可加深。

⑤ 支撑体系。支撑系统可采用钢支撑、锚杆支撑或混凝土支撑,钢支撑适用于基坑宽度不大的车站,支撑力大,并可以倒换使用,较为经济。锚杆支撑可为施工提供开敞的施工场地,但使用时受到周边建筑物地下基础的限制,并且不利于以后工程的施工,在施工场地受限,钢支撑难以设置时采用。具体设计时应根据结构防水要求、施工组织安排、施工单位情况等因素做技术经济比较。

（2）围护结构方案的选择

根据工程地质及水文地质资料,场地存在细砂层、中砂层、粗砂层、砾砂层、圆砾土层等强透水层,透水层厚度较大,地下水丰富,且根据地铁3号线技术要求,车站采用结构自防水,主体结构与围护结构间不设附加防水层,组成叠合墙结构。综合考虑场地工程地质、水文地质条件及车站结构形式,车站主体围护结构采用地下连续墙+钢管内支撑。

2）福田枢纽主体结构方案

广深港客运专线深圳福田站采用劲性钢筋混凝土地下三层单跨～五跨箱形框架结构,3号线福田站采用钢筋混凝土地下三层箱形框架结构,2号、11号线采用钢筋混凝土地下二层箱形框架结构。箱形框架结构的最大优点是能充分利用地下空间且适用性强,出入口布置灵活,乘客出入地铁及换乘均较方便、快捷;结构顶、底及中楼板均采用纵梁体系,不设横梁,不设变形缝,利用结构板抵抗侧向水土压力,可降低结构高度,有效利用车站的层内空间;箱形框架结构不仅施工方法简单、技术成熟、安全可靠,而且工期短、造价低。

3.4.4 结构计算

1）永久荷载

结构自重:钢筋混凝土重度 $\gamma = 25 kN/m^3$。

覆土重:覆土重度 $\gamma = 19 kN/m^3$。

侧向水土压力:施工阶段采用朗肯主动土压力,使用阶段采用静止土压力。黏性地层采用水土合算,渗透性较大的地层采用水土分算。

设备荷载:设备区按 8kPa 考虑,并考虑设备吊装及运输路径的影响。

静水压力和浮力:水重度为 $10 kN/m^3$。

混凝土收缩的影响:假定混凝土降低温度 10℃。

2）可变荷载

地面超载:按 $q = 20 kN/m^2$ 计算,并考虑扩散后作用在车站结构上。盾构吊出井端头由于盾构解体吊出引起的临时地面超载按 $q = 70 kN/m^2$ 考虑,端头井两侧地面超载 $q = 30 kN/m^2$ 考虑。

人群荷载:取 $q = 4 kN/m^2$。

施工活载:考虑施工时可能情况的组合。

列车活载:根据车辆轴重、排列和制动力计算。

3)偶然荷载

结构按6级抗力等级的人防荷载进行结构强度验算,并做到各个部分抗力协调。

4)地震作用

按地震烈度7度设防。

5)荷载组合

结构设计时按结构整体或单个构件可能出现的最不利组合,依据相关规范进行计算,并考虑施工过程中荷载变化情况分阶段计算。

6)围护结构计算模型

围护结构按平面问题进行分析,取"荷载—结构"模式,采用弹性有限元法进行结构计算。本设计按"增量法"原理模拟施工开挖、支撑和回筑的全过程进行计算,计入了"先变形、后支撑"对围护结构内力的影响;安装钢支撑时施加预加力按设计轴力的40%计入,采用钢结构温度收缩的原理进行模拟;地基与围护结构的共同作用采用水土压力及一系列不能受拉的弹簧进行模拟。

7)围护结构计算

(1)施工工序

①开挖至地面以下1.9m后施工冠梁和第一道混凝土支撑。

②待第一道混凝土支撑达到设计强度后,向下开挖至7m至第二次开挖面。

③施工第二道钢支撑,然后向下开挖5.4m至第三次开挖面。

④施工第三道混凝土支撑,然后向下开挖4.91m至基底。

⑤施工底板下接地网、垫层、防水层,回筑底板,侧墙,加一道倒换支撑,拆除第三道钢支撑。

⑥施工站台层侧墙及中板,拆除第二道支撑。

⑦施工站厅层侧墙防水层和侧墙,回筑顶板,然后拆除第一道混凝土支撑,回填覆土。

(2)广深港客运专线车站围护结构施工阶段计算

①明挖顺作段围护结构施工阶段计算

内力位移包络图如图3-4所示。

内力取值及相应配筋分别见表3-6和表3-7。

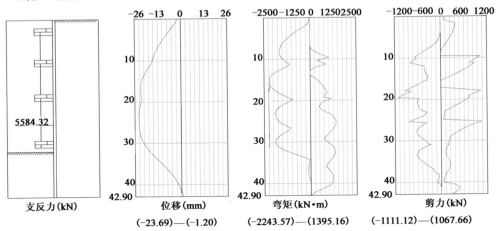

图 3-4 内力位移包络图

内力值(广深港客运专线明挖顺作段)　　　　表 3-6

内力类型	弹性法计算值	经典法计算值	内力设计值	内力实用值
基坑内侧最大弯矩(kN·m)	2810.01	4349.24	3084.91	3084.91
基坑外侧最大弯矩(kN·m)	2539.08	4416.37	1918.35	1918.35
最大剪力(kN)	1527.69	1474.64	1527.79	1527.79

配筋(广深港客运专线明挖顺作段)　　　　表 3-7

选筋类型	级别	钢筋实配值	实配[计算]面积(mm^2/m)
基坑内侧纵筋	HRB335	D32@100 + D32@200	12064[9719]
基坑外侧纵筋	HRB335	D32@100 + D32@100	16085[7854]
水平筋	HRB335	D20@150	3272
拉结筋	HPB235	d18@800×800	398

a. 支撑。第一道支撑采用 900mm×900mm 混凝土支撑,第二、三道支撑采用 $\phi 800mm$, $t=20mm$ 钢支撑,中间设临时立柱。

b. 整体稳定验算。

整体稳定安全系数: $K_s = 3.137$。

c. 抗倾覆稳定性验算。

抗倾覆安全系数: $K_s = 2.018 \geqslant 1.3$,满足规范要求。

d. 抗隆起验算。

Prandtl(普朗德尔)公式:$K_s = 85.263 \geqslant 1.3$,满足规范要求。
Terzaghi(太沙基)公式:$K_s = 86.974 \geqslant 1.3$,满足规范要求。

②盖挖逆作段围护结构施工阶段计算

内力位移包络图如图 3-5 所示。

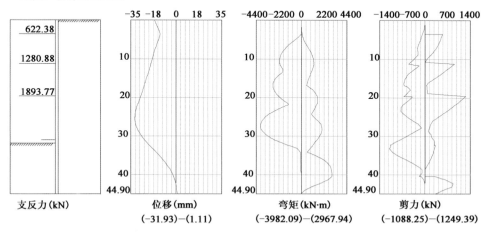

图 3-5 内力位移包络图

内力取值及相应配筋分别见表 3-8 和表 3-9。

内力值(广深港客运专线盖挖逆作段)　　　表 3-8

内 力 类 型	弹性法计算值	经典法计算值	内力设计值	内力实用值
基坑内侧最大弯矩(kN·m)	3982.09	7562.16	5475.37	5475.37
基坑外侧最大弯矩(kN·m)	2967.94	5687.06	4080.92	4080.92
最大剪力(kN)	1249.39	1339.21	1717.91	1717.91

配筋(广深港客运专线盖挖逆作段)　　　表 3-9

选 筋 类 型	级 别	钢筋实配值	实配[计算]面积(mm²/m)
基坑内侧纵筋	HRB335	D32@100 + D28@100 + D28@200	17279[13628]
基坑外侧纵筋	HRB335	D32@100 + D32@100	16085[9724]
水平筋	HRB335	D20@150	3272
拉结筋	HPB235	d18@800×800	398

a. 支撑。盖挖逆作法施工,将楼板作为支撑,即第一道支撑为 1200mm 厚顶板,第二、三道支撑为型钢混凝土框架及 250mm 厚中板,第四道支撑为 1500mm 厚

底板。

b. 整体稳定验算。

整体稳定安全系数:$K_s = 4.990$。

c. 抗倾覆稳定性验算。

抗倾覆安全系数:$K_s = 3.947 \geqslant 1.3$,满足规范要求。

d. 抗隆起验算。

Prandtl(普朗德尔)公式:$K_s = 90.385 \geqslant 1.3$,满足规范要求。

Terzaghi(太沙基)公式:$K_s = 92.503 \geqslant 1.3$,满足规范要求。

(3) 地铁 2 号、11 号线车站标准段围护结构施工阶段计算

2 号、11 号线车站标准段围护结构如图 3-6 所示。

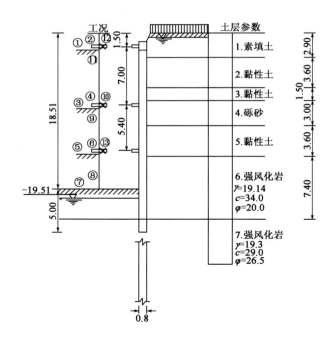

图 3-6　2 号、11 号线车站标准段围护结构(单位:m)

内力位移包络图如图 3-7 所示。

内力取值及相应配筋分别见表 3-10 和表 3-11。

①支撑。第一道支撑采用 900mm × 800mm 混凝土支撑,第二、三道支撑采用 $\phi 600\text{mm}, t = 16\text{mm}$ 钢支撑,中间设临时立柱。

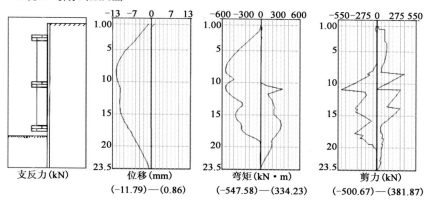

图 3-7 内力位移包络图

内力值（2号、11号线）　　　　　　　　　　　　表 3-10

内力类型	弹性法计算值	经典法计算值	内力设计值	内力实用值
基坑内侧最大弯矩（kN·m）	547.58	901.36	639.99	639.99
基坑外侧最大弯矩（kN·m）	334.23	1068.94	390.63	390.63
最大剪力（kN）	500.67	413.77	625.84	688.42

配筋（2号、11号线）　　　　　　　　　　　　表 3-11

选筋类型	级别	钢筋实配值	实配[计算]面积（mm²/m）
基坑内侧纵筋	HRB400	E25@100	4909[2634]
基坑外侧纵筋	HRB400	E25@100	4909[2634]
水平筋	HRB335	D12@200	565
拉结筋	HPB235	d6@100	283

②整体稳定验算。整体稳定验算按图 3-8 进行。

整体稳定安全系数：$K_s = 1.311$。

③抗倾覆稳定性验算。

抗倾覆安全系数：$K_s = 2.288 \geqslant 1.3$，满足规范要求。

④抗隆起验算。

Prandtl（普朗德尔）公式：$K_s = 4.596 \geqslant 1.3$，满足规范要求。

Terzaghi（太沙基）公式：$K_s = 5.546 \geqslant 1.3$，满足规范要求。

(4) 地铁 3 号线车站标准段围护结构施工阶段计算

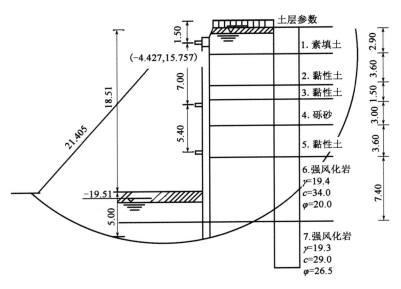

图 3-8 整体稳定验算简图(2 号、11 号线)(单位:m)

3 号线车站标准段围护结构如图 3-9 所示。

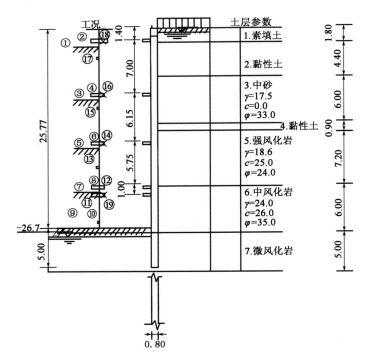

图 3-9 3 号线车站标准段围护结构(单位:m)

内力取值及相应配筋分别见表 3-12 和表 3-13。

内力值（3 号线） 表 3-12

内力类型	弹性法计算值	经典法计算值	内力设计值	内力实用值
基坑内侧最大弯矩（kN·m）	824.46	1295.58	1088.29	1088.29
基坑外侧最大弯矩（kN·m）	713.27	1520.07	941.52	941.52
最大剪力（kN）	584.24	459.46	701.09	771.20

配筋（3 号线） 表 3-13

选筋类型	级别	钢筋实配值	实配[计算]面积（mm²/m）
基坑内侧纵筋	HRB400	E28@100	6158[5498]
基坑外侧纵筋	HRB400	E25@100	4909[4697]
水平筋	HRB335	D12@200	565
拉结筋	HPB235	d6@100	283

①支撑。第一、二、三、四道支撑采用 $\phi 600\mathrm{mm}$，$t = 16\mathrm{mm}$ 钢支撑，中间设临时立柱，第四道支撑换撑。

②整体稳定验算。整体稳定验算按图 3-10 进行。

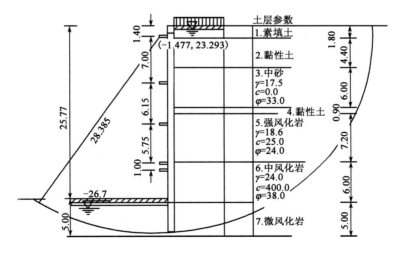

图 3-10　整体稳定验算简图（3 号线）（单位：m）

整体稳定安全系数：$K_s = 2.731$。

③抗倾覆稳定性验算。

抗倾覆安全系数：$K_s = 2.309 \geqslant 1.3$，满足规范要求。

④抗隆起验算。

Prandtl（普朗德尔）公式：$K_s = 54.057 \geqslant 1.3$，满足规范要求。
Terzaghi（太沙基）公式：$K_s = 70.008 \geqslant 1.3$，满足规范要求。

3.4.5 主体结构内力计算

1）主体结构计算模型

广深港客运专线福田站主体结构为三层单跨～五跨结构，主要采用 ϕ1600mm 钢管混凝土柱和型钢混凝土纵横梁体系。结构计算采用三维有限元模型分析，采用梁单元模拟梁、柱、桩；板单元模拟侧墙和楼板；采用只受压弹簧模拟土体对结构的作用，侧墙外侧布置只受压水平弹簧，底板底、连续墙、桩底部设置只受压竖向弹簧，连续墙、桩侧向布置双向水平弹簧。采用通用结构分析软件计算分析。

福田地铁站主体结构为纵梁体系，按底板置于弹性地基上的平面框架，采用平面杆系单元模拟，按"荷载—结构"模式进行计算。围护结构与主体侧墙的共同作用，采用叠合墙的结构形式。地层与结构的共同作用采用水土压力及土弹簧模拟。采用 SAP84 软件进行分析。

计算结果表明，各项变形均控制在设计要求之内。

2）主体结构计算

（1）广深港客运专线福田站主体结构计算

广深港客运专线福田站主体结构计算模型如图 3-11 所示。

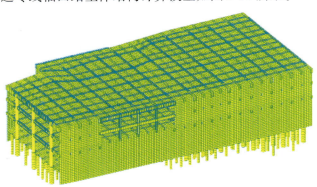

图 3-11 典型三维计算模型

车站典型断面结构内力计算结果见表 3-14，钢管柱计算结果见表 3-15。
由此可知，柱承载力满足要求。

第3章 深圳福田站地下综合交通枢纽的设计方案

表 3-14 车站典型断面结构内力计算结果

序号	断面位置	构件尺寸 宽度 B (mm)	构件尺寸 高度 H (mm)	计算长度 L_0 (mm)	设计值 弯矩 M_0 (kN·m)	设计值 剪力 V_0 (kN)	设计值 轴力 N_0 (kN)	标准值 削峰后弯矩 M_k (kN·m)	标准值 剪力 V_k (kN)	标准值 轴力 N_k (kN)	裂缝宽度 (mm)	配筋计算 (mm²)	实配钢筋 (每延米)
1	顶板横向支座最大	1000	1200	21460	3134	—	—	2217	—	—	0.197	—	32@100+32@100
1	顶板横向跨中最大	1000	1200	10	2348	—	—	1658	—	—	0.184	—	32@100+32@200
1	顶板纵向支座最大	1000	1200	13000	1791	—	—	1267	—	—	0.154	—	28@150+28@150
1	顶板纵向跨中最大	1000	1200	13000	1266	—	—	607	—	—	0.224	—	28@150
2	地下一层板横向支座最大	1000	250	10700	73.6	—	—	55.2	—	—	0.207	—	14@150+14@150
2	地下一层板横向跨中最大	1000	250	10700	53.9	—	—	40.5	—	—	0.209	—	14@150+14@300
2	地下一层板纵向支座最大	1000	500	10150	59.3	—	—	44.5	—	—	0.252	—	14@150+14@300
2	地下一层板纵向跨中最大	1000	1100	10700	44	—	—	33.4	—	—	0.279	—	14@150
3	地下二层板横向支座最大	1000	250	10700	60.3	—	—	45.1	—	—	0.220	—	14@150+14@300
3	地下二层板横向跨中最大	1000	1100	10700	52.1	—	—	39.3	—	—	0.192	—	14@150+14@300
3	地下二层板纵向支座最大	1000	500	10150	69.5	—	—	52.1	—	—	0.195	—	14@150+14@150
3	地下二层板纵向跨中最大	1000	1100	10700	44.1	—	—	33.5	—	—	0.280	—	14@150
4	底板横向支座最大	1000	1400	10150	8083	—	—	5627	—	—	0.191	—	32@100+32@100
4	底板横向跨中最大	1000	1100	10150	4189	—	—	2882	—	—	0.258	—	28@100+28@100
4	底板纵向支座最大	1000	1100	10150	1681	—	—	1184	—	—	0.132	—	32@150
4	底板纵向跨中最大	1000	1100	10700	1966	—	—	1359	—	—	0.227	—	32@150
5	侧墙竖向跨中最大	1000	1100	10150	6404	—	—	4724	—	—	0.276	—	28@100+28@200
5	侧墙水平向跨中最大	1000	1100	10150	1638	—	—	1103	—	—	0.085	—	25@150

钢管柱计算结果　　　　　　　　　表 3-15

序号	断面位置	直径 D (mm)	计算长度 L_0 (mm)	设计值 弯矩 M_0 (kN·m)	设计值 轴力 N_0 (kN)	长　细　比	柱承载力设计值
1	上柱上	1600	7800	24067	45452	19.5	59348.73
	下柱下	1600	12000	2302	84117	30	109195.8

（2）地铁 2 号、11 号线车站标准段主体结构计算

地铁 2 号、11 号线的弯矩图、剪力图、轴力分别见图 3-12～图 3-14。

（3）结构配筋和裂缝开展宽度验算

车站主体结构按裂缝展开宽度进行配筋设计。构件除柱采用 C50 混凝土外，其余均采用 C30 混凝土。钢筋的混凝土保护层厚度：迎水面的底板、顶板、侧墙为 50mm；背水面除底板、顶板、侧墙为 40mm 外，其余均为 30mm。标准段计算配筋结果略。

3）结构抗浮计算

地铁 2 号、3 号、11 号线主体结构侧墙与围护结构地下连续墙间不设附加防水层，主体结构侧墙与地下连续墙组成叠合墙结构，抗浮计算时考虑地下连续墙自重及地下连续墙与土层摩擦力，安全系数按 1.15 考虑。初步设计时抗浮计算时按每延米计算。

（1）地铁 3 号线福田站

地铁 3 号线福田站为地下三层箱形框架结构，底板埋深约 25.8m，顶板覆土厚度按 3.2m 计算。

水浮力：$24.8 \times 24.2 \times 10 = 6001.6 \text{kN/m}$。

覆土重：$24.8 \times 3.2 \times 19 = 1508.4 \text{kN/m}$。

主体结构重：3232.9kN/m。

$1508.4 + 3232.9 < 1.05 \times 6001.6$，不满足抗浮要求。

经计算，采用直径为 1200mm 的抗拔桩，桩长 5m，每柱下一桩，可满足抗浮要求。

（2）地铁 2 号、11 号线福田站

地铁 2 号、11 号线为地下二层箱形框架结构，底板埋深约 16.71m，顶板覆土厚度按 3.2m 计算。

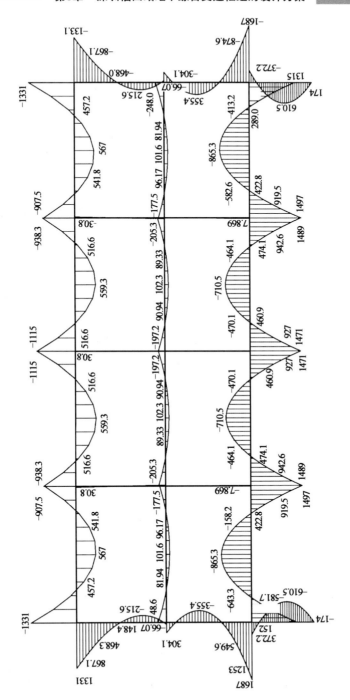

图3-12 地铁2号、11号线车站弯矩图（单位：kN·m）

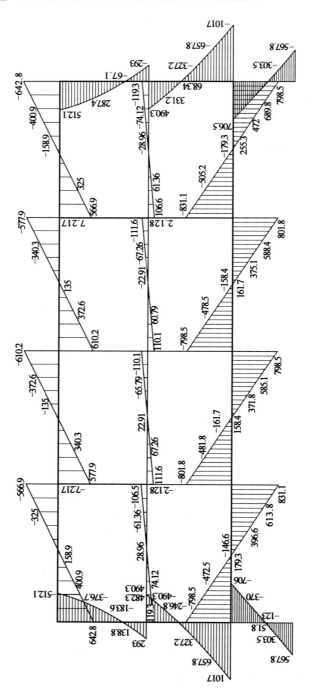

图3-13 地铁2号、11号线车站剪力图(单位:kN)

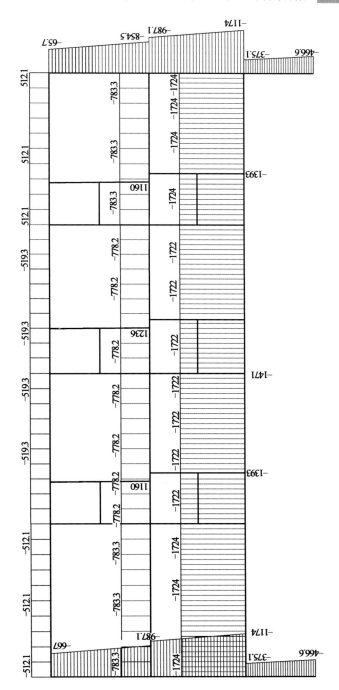

图3-14 地铁2号、11号线车站轴力图(单位：kN)

水浮力：43.4×15.11×10=6557.74kN/m。

覆土重：43.4×3.2×19=2638.72kN/m。

主体结构重：3476kN/m。

总抗浮力：2638.72+3476=6144.72kN/m<6557.74×1.05=6885.66kN/m。

每延米差：6557.74×1.15-6144.72=1396.68kN/m。

结构纵向跨度9m，按柱下设抗拔桩，每跨设3根抗拔桩，则每桩抗拔力为：1396.68×9/3=4190kN。

抗拔桩设计：3.14×1.2×8×150=4521.6kN>4190kN。

经计算，采用直径为1200mm的抗拔桩，桩长8m，可满足抗浮要求。

(3) 广深港客运专线福田站

广深港客运专线福田站为地下三层单跨～五跨箱形框架结构，取地下三层五跨箱形框架结构为典型计算断面，底板埋深约31.2m，顶板覆土厚度为2.6m，其抗浮计算如下：

水浮力：78.86×28.6×10=22553.96kN/m。

覆土重：78.86×2.6×10=2050.36kN/m。

主体结构重：11088.70kN/m。

2050.36+11088.70=13139.06 kN/m<1.05×22553.96=23681.66kN/m，不满足抗浮要求。

每延米差：22553.96×1.15-13139.06=12797.99 kN。

结构纵向跨度为12m，横向跨度为10～21.46m，兼顾柱下桩基承载要求，按柱下和跨中设抗拔桩，设计考虑直径为1500mm和2800mm两种抗拔桩，每跨共设18根抗拔桩。

经计算，抗拔桩均长为25m，可满足抗浮要求。

3.5 工程筹划及施工期间交通组织

3.5.1 工程筹划

深圳市福田站综合交通枢纽位于深圳市福田中心区，枢纽范围内有地铁2号线福田站、地铁3号线福田站、地铁11号线福田站、广深港客运专线深圳福田站、深南大道北侧交通接驳设施、深南大道南侧交通接驳设施及益田路东侧交通接驳设施。地铁3号线福田站位于民田路与深南大道交汇处,沿民田路布置,广深港客运专线深圳福田站位于益田路与深南大道交汇处,沿民田路布置,地铁2号、11号线福田站并列于原深南大道北侧绿化带,沿深南大道布置,西与地铁3号线相交于民田路,东与广深港客运专线深圳福田站相交于益田路,深南大道北侧交通接驳设施位于地铁2号线福田站北侧、沿深南大道布置,深南大道南侧交通接驳设施位于地铁11号线南侧,沿深南大道布置,益田路东侧交通接驳设施位于市民广场东南角,与广深港客运专线深圳福田站相邻。

工程的工期安排如下:

(1) 地铁2号、3号、11号线福田站

地铁2号、3号、11号线福田站2008年4月开工,2011年6月建成通车,考虑前期交通疏解及地下管线迁改,总工期为39个月。

(2) 深南大道南北两侧配套辅助设施及公交接驳设施

深南大道南北两侧配套辅助设施及公交接驳设施2010年3月开工,总工期为16个月。

(3) 益田路东侧配套辅助设施及出租车及小汽车接驳设施

益田路东侧配套出租车及小汽车接驳设施2012年1月开工,与广深港客运专线深圳福田站同期建成,总工期为10个月。

(4) 工程总工期

地铁2号、3号、11号线交通疏解及地下管线迁改2008年4月动工,益田路东侧出租车及小汽车接驳设施2012年12月完工,深圳市福田站综合交通枢纽工程总工期为57个月。

3.5.2 施工期间交通组织的设计原则

1) 满足道路交通基本通行要求

根据地铁施工方法、施工围挡要求,在区域交通影响分析及总体交通疏导、分流的前提下,交通疏解应尽量充分考虑道路及交叉口的基本通行能力要求,以保证道路畅通与安全。

2) 提供片区及单位对外出行条件

根据施工影响,对沿线片区及单位的进出交通要求,进行充分调查,合理组织交通,使交通疏解与片区及单位出入口相互衔接,方便沿线片区及单位车辆进出。

3) 利用有限的道路空间,优先布设公交设施

由于沿线布设多条公交线路,除建议对公交线路进行适当优化调整外,在进行交通疏解的过程中,对受影响的公交停靠站就近迁移。

4) 以人为本,利用有限的道路空间,优先布设人行设施

由于需占道倒边施工,会给沿线单位及居民出行带来不便,为创造和谐的社会环境,在交通疏解的过程中应优先完善人行道及人行过街系统。

5) 为市政管线改移,预留一定的空间

许多市政管线需要挪移、改建,在交通疏解过程中,应考虑留有一定的空间,作为迁移市政管线使用。

6) 确保交通安全,完善必要的交通安全设施

由于采用明挖法施工,因此交通疏解过程中,必须确保车辆及行人的安全。应完善必要的交通安全设施及措施。

3.5.3 施工期间交通组织

整个枢纽工程,包括地铁2号、3号、11号线地铁福田站、广深港福田站、深南大道南北两侧部分配套辅助设施及公交接驳设施周边的交通疏解,应一体化考虑,整个交通疏解分为四期。

1) 一期交通疏解

(1) 施工围挡

福田站综合交通枢纽地铁一期施工围挡分两部分,一部分位于深南大道与民田路相交处的深南大道南北主车道上,占用道路双向8车道,占用长度约为300m,此施工围挡范围内施工地铁3号线南端与深南大道交汇点,占用时间为4个月;另一部分围挡位于深南大道北侧辅道以南的绿化带,并占用北侧辅道1条车道,占用后,还有3条车道可以正常通行,此施工围挡范围内施工地铁2号线北端连续墙,占用时间为4个月。

除地铁施工外,一期工程还包括益田立交拆除工程,包括益田路上跨深南大道的跨线桥及益田路与深南大道的4个右转匝道,拆除施工工期约为3个月。

受一期施工围挡影响的道路为深南大道和益田路,其他道路不受影响。

(2)交通组织

深南大道:利用深南大道主车道与北侧辅道之间的绿化用地,修建临时疏解道路,进行绕行,南辅道保持现状不变,北辅道减少1个车道后,原来的两条直行、两条右转改为两条直行、一条右转。

益田路:益田路立交桥及与深南大道衔接的4个右转匝道实施拆除,交通中断,原交通需从福中三路或福华一路改道走金田路或新洲路再转深南大道,原益田路南行右转至深南大道北侧辅道的交通,改为从鹏城二路转深南大道北侧辅道。

鹏城二路:原双向2车道改为南行单向2车道。

另一方面,结合疏解范围内道路交通组织的调整,对影响范围内现有的交通设施设置的位置、牌面内容以及交通信号灯相位、周期根据需要作适当调整。福田站综合交通枢纽一期施工,交通疏解平面图如图3-15所示。

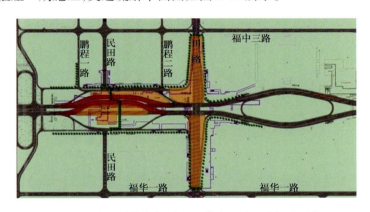

图3-15 福田站综合交通枢纽一期施工,交通疏解平面图

2)二期交通疏解

福田枢纽站二期施工围挡范围位于深南益田立交处,一部分分布于益田路两侧的深南大道北侧,另外一部分分布于深南大道和民田路之间部分绿化带,占用深南大道北侧全部辅道及北侧2条主快车道,占用民田北路部分路段及深南大道和民田路之间部分绿化带;二期围挡还将封堵深南大道与鹏程一路、民田北路、鹏程二路在深南大道上的进出口及深南益田立交北侧两个右转匝道;围挡内进行地铁2号、3号、11号线主体结构施工,占用时间为16个月。二期交通疏解平面图如图3-16所示。

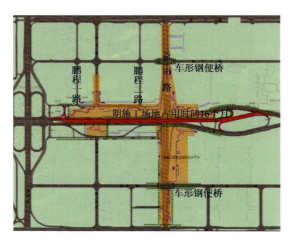

图 3-16 二期交通疏解平面图

深南大道:利用深南大道南、北主快车道之间12m宽的绿化带,修建临时疏解道路;深南大道疏解道路东端原东向西掉头车道东移;原右转北行上益田路匝道被封,在广电大厦门前空地设置一条临时道路连接辅道及鹏程一路,以实现深南大道与以北片区之间的交通联系。

鹏程一路:交通正常通行。

鹏程二路:在深南大道北侧辅道封路,车辆只能进出周边地块。

民田路:在福中三路以南禁止通行,仅供施工车辆进出施工场地。

益田路:益田路立交南北向交通正常,右转西行上深南大道匝道被封,该方向交通需在福中三路之前改道走金田路再转深南大道,或直走益田路右转福华一路上新洲立交转深南大道。

3)三期交通疏解

主体工程完工后,深南大道部分改道到车站主体之上,封闭深南大道辅道,施工附属结构及深南大道南北两侧部分配套辅助设施及公交接驳设施、车站附属结构工期约为4个月,深南大道南北两侧部分配套辅助设施及公交接驳设施总工期为16个月。深南大道南北两侧部分配套辅助设施及公交接驳设施采用盖挖逆做法施工,一阶段施工深南大道南北两侧部分配套辅助设施及公交接驳设施东半部分盖挖顶板,公交车站投资大厦及广电大厦站为港湾式公交车站在西半部分,二阶段施工深南大道南北两侧部分配套辅助设施及公交接驳设施西半部分盖挖顶板,港湾式公交车站投资大厦及广电大厦站东移约160m,利用已做好的盖挖顶板覆土完成形成港湾式公交车站,此时施工西半部分盖挖顶板。施工车站附属结构及深南大道南北两侧部分配套辅助设施及公交接驳设施的同时,广深港福田站的主体已开始施工,施工附属结构时的交通疏解方案如图3-17所示。

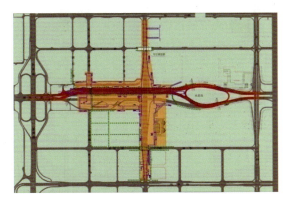

a) 三期一阶段交通疏解平面图

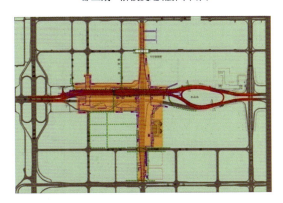

b) 三期二阶段交通疏解平面图

图3-17 三期交通疏解平面图

4) 四期交通疏解

四期主要施工广深港福田站的附属结构及益田路东侧配套出租车及小汽车接驳设施,广深港福田站的附属结构工期为4个月,益田路东侧配套出租车及小汽车接驳设施2012年2月开工,与广深港客运专线深圳福田站同期建成,总工期为10个月。施工广深港福田站附属结构及益田路东侧配套出租车及小汽车接驳设施时的交通疏解方案如图3-18所示。

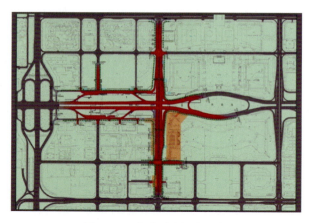

图 3-18　四期交通疏解平面图

3.6　耐久性、防腐设计

由于地铁工程考虑设计使用年限 100 年,结构设计应具有足够的耐久性和防腐性。车站钢筋混凝土应具有整体密实性、防水性、防腐蚀性,防水材料也应具有足够的耐久性和防腐性能。

一类环境中,设计年限为 100 年的结构混凝土应符合下列规定:

①钢筋混凝土结构的最低混凝土强度等级为 C30。

②混凝土中的最大氯离子含量为 0.06%。

③宜使用非碱活性骨料;当使用碱活性骨料时,混凝土中的最大碱含量为 3.0kg/m³。

④混凝土保护层厚度应按《混凝土结构设计规范》(GB 50010)表 9.2.1 的规定增加 40%;当采取有效的表面防护措施时,混凝土保护层厚度可适当减少。

⑤在使用过程中,应定期维护。

3.7　本章小结

通过对大型客站超长混凝土结构防裂技术的研究,结合福田综合交通枢纽的气候条件、使用环境等具体情况,通过计算温度应力对钢筋混凝土的影响,得出福田综合交通枢纽不设永久伸缩缝能满足客站使用期的抗裂要求。

第3章　深圳福田站地下综合交通枢纽的设计方案

课题组针对深圳福田站具有超长、超宽、超厚、长高比大、施工周期长的特点,在不设永久伸缩缝的条件下,以控制主体结构在施工期不出现有害裂缝为目标,对抗裂结构形式、抗裂材料设计、施工要求、现场监测以及裂缝处理预案提出了成套技术方案。

通过对超大钢筋混凝土地下结构的结构形式、抗裂材料、监测技术与动态反馈设计以及裂缝处理技术的综合研究,我们得出以下结论:

①虽然伸缩缝、施工连接缝、膨胀加强带、配筋形式的构造设计,可在不同阶段有效地释放收缩应力,提高结构的抗裂能力,但是,施工难度大,工艺复杂,工期长,后期养护困难,严重影响使用功能。

②传统矿物外加剂与新型膨胀剂、抗裂纤维的综合运用,可在不同阶段有效地降低收缩应力,提供有益的膨胀应力,提高混凝土抗裂能力,为大型深埋车站超长结构抗裂技术提供有利的技术手段。

③研发了高精度的实验室测量装置,建立了工程现场混凝土干燥收缩应力、温度收缩应力预警系统,通过对混凝土工程结构内部应力应变情况和混凝土温度变化的实时监控,实现了动态设计和信息化施工,为大型深埋车站超长结构的设计、材料、施工提供了指导性依据和现场监控手段。

④建立了超大钢筋混凝土地下结构裂渗控制技术的处理预案,对提高大型深埋车站使用寿命和安全性具有十分重要的意义。

⑤通过对大型深埋车站超长结构混凝土抗裂技术的综合研究,结合福田综合交通枢纽的具体情况,计算了温度、干缩应力对钢筋混凝土的影响,确定了福田综合交通枢纽的抗裂构造设计、抗裂材料的技术参数、现场监测技术与现场动态反馈设计方案以及裂缝处理预案等成套技术方案,起到了指导设计的目的。

通过初步理论分析和实践证明,福田综合交通枢纽超大钢筋混凝土结构不设变形缝(或伸缩缝)是安全的。从福田综合交通枢纽建成运营4年多的效果看,与理论分析是完全一致的,可以推广应用,建议修改相关规范。

参 考 文 献

[1] 中华人民共和国国家标准.GB 50010—2010 混凝土结构设计规范[S].北京:中国建筑工业出版社,2010.

[2] 蒋建平,李晓昭,高广运,等.南京地铁(融)土热物理参数实验研究[J].中国铁道科学,2009,30(1):13-15.

[3] 李宝花.冻土墙围护深基坑温度场和应力场耦合有限元分析[D].西安:西安科技大学,2003.

[4] 李博.深圳地铁龙岗线盾构隧道穿越桩基施工的数值模拟[D].上海:上海交通大学,2012.

[5] 顾慰慈.挡土墙土压力计算[M].北京:中国建材工业出版社,2001.

[6] 李兴荣,胡非,孙向明,等.深圳冬季多层地温日变化特征[J].中国科学院研究生院学报,2009,26(3):323-329.

[7] 李兴荣,张小丽,梁碧玲,等.深圳夏季多层土壤温度及其垂直结构日变化特征[J].科学技术与工程,2008,8(22):5996-6000.

[8] 吴胜兴,周氏.混凝土徐变度及应力松弛系数的估算方法总数与建议[J].水力学报,1991,10:65-70.

[9] 宋玉普.混凝土结构的疲劳性能及设计原理[M].北京:机械工业出版社,2006.

[10] 王铁梦.工程结构裂缝控制[M].北京:中国建筑工业出版社,1998.

[11] 廉慧珍.水泥标准修订对混凝土质量的影响[J].建筑技术,2001,(1):8-11.

[12] 安明喆.高性能混凝土自收缩的研究[D].北京:清华大学,1996.

[13] 张巍,杨全兵.混凝土收缩研究综述[J].低温建筑技术,2003,95(3):4-6.

[14] 黄国兴,惠荣炎.混凝土的收缩[M].北京:中国铁道出版社,1990.

[15] 杨医博,吴笑梅,樊粤明.浅谈混凝土的干燥收缩[J].广东建材,1999,

(7):9-11.

[16] 悉尼·明德斯,弗朗西斯·扬.混凝土[M].方秋英等,译.北京:中国建筑工业出版社,1989.

[17] 孙道胜.高强混凝土早期收缩的机理与特点[N].安徽建筑工业学院学报,1998,(1)15-17.

[18] 陈立军,李世禹.高性能混凝土自收缩增大的机理与改善途径[J].混凝土与水泥制品.2004,(5):10-12.

[19] 吴中伟,廉慧珍.高性能混凝土[M].北京:中国铁道出版社,1999.

[20] 杨全兵.高性能混凝土的自收缩机理研究[J].硅酸盐学报,2000,28(12):72-75.

[21] 王川,杨长辉,吴芳,等.矿渣和粉煤灰对混凝土塑性收缩裂缝的影响[J].混凝土.2002,(11):45-48.

[22] 张云升,孙伟,胡曙光.矿物掺和料对高性能混凝土内胶结材浆体收缩性能的影响[J].建筑技术开发,2001,(11):24-26.

[23] 陈建奎.混凝土外加剂的原理与应用[M].北京:中国计划出版社,1997.

[24] 张云理,卞葆芝.混凝土外加剂产品及应用手册[M].北京:中国铁道出版社,1994.

[25] 蒋正武,孙振平,工新友,等.国外混凝土自收缩研究进展评述[J].混凝土,2001,(4):30-33.

[26] 吴中伟,廉慧珍.高性能混凝土[M].北京:中国铁道出版社,1999.

[27] 马冬花,尚建丽,李占印.高性能混凝土的自收缩[N].西安建筑科技大学学报.2003,(3):82-84.

[28] 阎培渝,廉慧珍.用整体论方法分析混凝土的早期开裂及其对策[J].建筑技术.2003,34(1):18-21.

[29] 吴中伟.补偿收缩混凝土[M].北京:中国建筑工业出版社,1979.

[30] 吴中伟.膨胀混凝土[M].北京:中国铁道出版社,1990.

[31] 蒋元驷,韩素芳.混凝土工程病害与修补加固[M].北京:海洋出版社,1996.

[32] 沈荣熹,崔琪,李清海.新型纤维增强水泥基复合材料[M].北京:中国建材工业出版社,2004.

[33] UF500纤维素纤维技术手册.上海罗洋新材料科技有限公司,2010.

[34] 岩崎训明. 混凝土的特性[M]. 尹家辛,李景星,译. 北京:中国建筑工业出版社,1980.

[35] McDonald D. B. , Krauss P. D. , Rogalla E. A. Early-Age Transverse Deck Cracking[J]. Concrete International,1995,17(5):49-51.

[36] Persson B. Self-desiccation and its importance in concrete technology[J]. Materials and Structures / Material et Constructions,1997(6):293.

[37] Jensen O M, Hansen P F. Autogenous deformation and change of the relative humidity in silica fume-modified cement paste[J]. ACI Materials Journal,1996(6):539-543.

[38] Wittman F. Surface tension shrinkage and strength of hardened cement paste[J]. Material et Constructions,1968,(6):115.

[39] Paillere A M, Buil M, Serrano J J. Effect of fiber addition on the autogenous shrinkage of silica fume concrete[J]. ACI Materials Journal,1990(1):87-91.

[40] Aitcin P C, Neville A, Acker P. Integrated view of shrinkage deformation[J]. Concrete International,1997,(9):107-111.

[41] C. Hua, P. Acker, A. Ehracher. Analyses and models of the autogeneous shrinkage of hardening cement paste[J]. C. C. R, 1997,25(7):58-61.

[42] Crassous J, Charlaix E, Gayvallet H, Loubet J. L. Emperimental study of nanometric liquied bridge with a surface force apparatus[J]. Langmuir,1993,(8):1995-1998.

[43] Bissonnette B, Pigeon M. Tensile Creep at Early Age of Ordinary Silica Fume and Fiber Reinforced Concrete[J]. Cement and Concrete Research,1995,25(5):1075-1085.

[44] Carlson R W, Houghton D L Polivka M. Causes and Control of Cracking in Unreinforced Mass Concrete[J]. ACI Journal,1979,76(36):821-837.

[45] Bloom R and Bentur A. Free and Restrained Shrinkage of Normal and High-Strength Concrete[J]. ACI Materials Journal,1995,92(2):211.

[46] Vivian H. E. Alkalis in Cement Conference. National Building Research Institute. Pretoria. [R]. South Africa. 1981:107-110.

[47] Blaine R L, Arni H T, Evans D H. , Defore M R, Clifton J R, Methey R G..

Interrelations between Cement and Concrete Properties. Building Research Division of the National Bureau of Standards:119.

[48] Brewer H. W. ,Burrows R. W. Coarse Ground Cement Makes More Durable Concrete[J]. ACI Journal,1951,47(25):353.

[49] Neville A. M. Role of Cement in the Creep of Mortar[J]. ACI Journal,1959,55(62):96.

[50] wiegrink K, Marikunte S, Shah SP. Shrinkage Cracking of high strength Concrete[J]. ACI Materials Journal,1996 (3):278.

[51] H. 索默. 高性能混凝土的耐久性[M]. 冯乃谦,等译. 北京:科学出版社,1998.

[52] Ravindra K Dhir, Andrew W F Yap. Superlasticized flowing concrete strengh and deformation properties[J]. Magazine of Concrete Research,1984(6):203-215.

[53] Jeffrey J Brooks. How admixtures affect shrinkage and creep[J]. Concrete International,1999(4):35-40.

[54] Jeffrey J Brooks. How admixtures affect shrinkage and creep[J]. Concrete International,1999(4):42-44.

[55] Burrows R W. The Visible and Invisible Cracking of Concrete. Published by the American Concrete Institute, Farmington Hills, Michigan, 1996:10.

[56] Bentz D P, Geiker M R, Hansen K K. Shrinkage-Reducing Admixtures and Early-Age Desiccation in Cement Pastes and Mortars[J]. Cem. Concr. Res,2001, 31(7):1075-1085.

[57] S P Shah, M E Karaguler ,M Sarigaphai. Effect of Shrinkage Reducing Admixtures on Restrained Shrinkage Cracking of Concrete[J]. ACI Materials Journal, 1992, 89(3): 88-90.

[58] K van Breugel,P Lura. Effect of Initial Moisture Content and Particle Size Distribution of Lightweight Aggregates on Autogenous Deformation[C]. in Proceeding of the Second international Symposium on Structural Lightweight Aggregate Concrete. Helland, 2000:453-462.

[59] Bentur S, Igarashi S, Kovler K. Prevention of Autogenous Shrinkage in High Strength Concrete by Internal Curing Using Wet Lightweight Aggregates[J]. Cem. Concr. Res,2001, 31(11):1587-1591.

[60] Jensen O M, Hansen P F. Water-Entrained Cement-Based Materials I. Principle and Theoretical Background[J]. Cem. Concr. Res, 2001, 31(3): 647-654.

[61] Jensen O M, Hansen P F. Water-Entrained Cement-Based Materials II. Principle and Theoretical Background[J]. Cem. Concr. Res, 2002, 42(2): 987-995.

[62] K wang, S P Shah, P Phuaksuk. Shrinkage Cracking in Concrete Materials-Influence of Fly Ash and Fibers[J]. ACI Materials Journal, 2001, 98(6): 464-485.

[63] Bruil HG, van Aartsen J J. The determination of contact angles of aqueous suriacrant solutions on powders.[J] Colloid & Polymer Sci, 1974.